Steirisch vegetarisch

Anneliese Comanducci

Steirisch vegetarisch

100 Rezepte von traditionell bis raffiniert

Foodfotografie von Peter Barci

pichler verlag

Einladung zu einer kulinarischen Reise

INHALT

Suppen	11
Vorspeisen und Salate	33
Gemüsegerichte und Beilagen	61
Nudel- und Getreidegerichte	83
Soja- und Weizenfleischgerichte	101
Sterz, Schmarren & Co	127
Zwischendurch und zur Jause	149
Kuchen und Desserts	171
Anhang	199

Mein Lieblingsrezept

1 Portion Optimismus
1 Handvoll Vertrauen
1 Bund Selbstbewusstsein
ausreichend Flexibilität
1 Tasse Freude
1 Prise Humor

mit Gefühl verrührt und
mit Liebe gewürzt

Einladung zu einer kulinarischen Reise

Liebe Leserinnen, liebe Leser,

als gebürtige Steirerin möchte ich Sie mit diesem Kochbuch auf eine kulinarisch-vegetarische Reise in meine Heimat, und zwar in die wohl bekannteste Genussregion Österreichs einladen – in die Steiermark.

Dieses Bundesland wird zu Recht liebevoll „das grüne Herz Österreichs" genannt, denn die steirische Landschaft ist geprägt vom Grün der Wälder, der hügeligen Weinberge, der idyllischen Apfelhaine und farbenfrohen Kürbis- und Maisfeldern.

Unabhängig davon, aus welchem Grund oder aus welcher Überzeugung Sie sich für die vegetarische Ernährung entschieden haben – seien es gesundheitliche, ökologische oder ethische Beweggründe – Sie liegen damit absolut im Trend. In der heutigen Zeit, die stark von ökologischem und nachhaltigem Bewusstsein geprägt ist, hat die vegetarische Küche einen festen und wichtigen Platz eingenommen. Sie hat sich weit entfernt vom einfachen Gemüse- und Getreideallerlei und hebt sich mittlerweile durch Kreativität und Abwechslungsreichtum hervor.

In diesem Kochbuch erfahren Sie, wie man aus typisch steirischen Spezialitäten wie Käferbohnen, Polenta, Kürbiskernöl und Kürbiskernen traditionelle und raffinierte Gerichte für den anspruchsvollen vegetarischen Gaumen zubereiten kann.

Die in den Rezepten verwendeten schmackhaften Eiweißalternativen, wie verschiedene Tofusorten, Weizenfleisch, Sojawürstchen und pflanzliche Aufschnitte, erhält man zum Teil bereits in allen gängigen Supermärkten, auf jeden Fall jedoch im Reform- und Naturkosthandel.

Einige Rezepte habe ich bewusst für Liebhaber und Liebhaberinnen der veganen Küche konzipiert. Sie sind mit einem Label gekennzeichnet.

Die Mengenangaben in den Rezepten beziehen sich jeweils auf 4 Personen. Ich wünsche Ihnen viel Freude beim Kochen und gutes Gelingen!

Suppen

🌱 vegan	Kräftige Gemüsebrühe	12
	Kastanienschaumsuppe	13
	Kürbiscremesuppe	14
	Linsencremesuppe mit Lauchstreifen	17
	Saure Rahmsuppe mit Schwarzbrotcroûtons	18
	Erdäpfelsuppe mit Steirerkäse	19
	Kürbiskernfrittatensuppe	20
	Grünkernschnittensuppe	23
	Schilcherrahmsuppe mit Ziegenkäse-Crostini	24
🌱 vegan	Käferbohnensuppe	27
	Klare Gemüsesuppe mit Polenta-Grießnockerln	28
	Zucchinicremesuppe	30
🌱 vegan	Gebundene Gemüsesuppe	31

Suppen

 Kräftige Gemüsebrühe

2,5 l Wasser
2 Scheiben Knollensellerie
2 Karotten
2 Petersilienwurzeln
1 Zwiebel
1 Knoblauchzehe
1 Stange Lauch
2 EL Rapsöl
1 Weißkrautstrunk (oder einige Blätter)
1 Zweig Liebstöckel
½ Bund Petersiliengrün
1 EL Vollmeersalz
½ TL schwarze Pfefferkörner
½ TL Senfkörner
2 Lorbeerblätter

Wurzelgemüse putzen und würfelig schneiden. Zwiebel und Knoblauch schälen und grob hacken. Lauch waschen und in Ringe schneiden.

Wurzelgemüse, Zwiebel und Knoblauch in erhitztem Öl anschwitzen. Mit Wasser aufgießen und aufkochen lassen. Lauchringe, Kraut, Kräuter und Gewürze dazugeben. Eine gute Stunde bei mittlerer Hitze kochen lassen. Durch ein feines Sieb gießen und noch einmal mit Salz abschmecken. Ergibt ungefähr 1,5–2 l Brühe.

Dieses Rezept dient als Grundlage für die meisten der nun folgenden Suppenrezepte. Auch für die Zubereitung der anderen Gerichte in diesem Buch eignet sich die Gemüsebrühe als erstklassige Zutat.

TIPP
Die Brühe auf Vorrat kochen und ausgekühlt in Flaschen abfüllen. Sie ist im Kühlschrank mindestens eine Woche haltbar, lässt sich auch problemlos portionsweise einfrieren und kann auch als Alternative zu fertigem Suppenpulver verwendet werden.

Kastanienschaumsuppe

250 g Esskastanien, gekocht und geschält
2 Schalotten
50 ml Weißwein
20 g Butter
750 ml Gemüsebrühe (S. 12)
200 ml Schlagobers
Salz
schwarzer Pfeffer aus der Mühle

Schlagobers zum Garnieren

4 Kastanien in Scheiben schneiden und für die Garnitur zur Seite geben.

Butter erwärmen und die feinwürfelig geschnittenen Schalotten darin glasig dünsten. Kastanien dazugeben, einige Minuten mitdünsten und mit Weißwein ablöschen. Mit Gemüsebrühe und zwei Drittel des Schlagobers aufgießen. Nach dem Aufkochen bei mittlerer Hitze 20 Minuten kochen lassen.

Suppe im Mixer fein pürieren und durch ein Sieb zurück in den Topf gießen. Nochmals erwärmen und mit Salz und frisch gemahlenem Pfeffer würzen.

Die Suppe vor dem Servieren mit dem Pürierstab aufschäumen, restliches Schlagobers schlagen. Mit den vorbereiteten Kastanien als Einlage und mit Schlagobers garniert servieren.

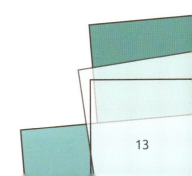

Suppen

Kürbiscremesuppe

1 mittelgroßer Hokkaidokürbis
1 kleine Zwiebel
1 Knoblauchzehe
1 TL frischer Ingwer, gehackt
1 l kräftige Gemüsebrühe (S. 12)
2 EL Sonnenblumenöl
100 ml Schlagobers
1 EL Zitronensaft
Salz
schwarzer Pfeffer aus der Mühle

Für die Garnitur
Schlagobers
2 EL Kürbiskernöl

Kürbis waschen, halbieren und von den Kernen befreien. Die Kürbishälften mit der Schale in Streifen und dann in Würfel schneiden.

Zwiebel und Knoblauch schälen, fein hacken und zusammen mit dem Ingwer in heißem Öl andünsten. Kürbiswürfel dazugeben, mit Gemüsebrühe aufgießen und etwa 15–20 Minuten kochen lassen, bis der Kürbis weich ist.

Anschließend gemeinsam mit dem Schlagobers fein pürieren und mit Zitronensaft, Salz und frisch gemahlenem Pfeffer würzen.

Die Suppe mit Schlagobers und etwas Kürbiskernöl garnieren.

Linsencremesuppe mit Lauchstreifen

150 g Berglinsen
150 g rote Linsen
2 l Wasser
1 EL Butterschmalz
1 Zwiebel
1 TL Kümmel, gemahlen
1 EL Ingwersaft, frisch gepresst
1 EL Tomatenmark
2 EL Apfelbalsam
1 Bio-Gemüsebrühwürfel
2 EL Zitronensaft
100 ml Schlagobers
Salz
schwarzer Pfeffer

1 Stange Lauch
2 EL Maiskeimöl
100 ml Gemüsebrühe
Kräutermeersalz

Zwiebel schälen, fein hacken und in erwärmtem Butterschmalz anschwitzen. Kümmelpulver und Tomatenmark einrühren und mit Apfelbalsam ablöschen. Mit Wasser aufgießen, beide Linsensorten dazugeben und nach dem Aufkochen 45–50 Minuten kochen. Nach der Hälfte der Kochzeit den Brühwürfel unterrühren.

Lauchstange in 6 cm lange Stücke schneiden. Diese längs halbieren und dann in feine Streifen schneiden. In einer Pfanne Olivenöl erhitzen und Lauchstreifen kurz andünsten. Dabei darauf achten, dass sie nicht braun werden. Mit Gemüsebrühe aufgießen und 3–4 Minuten bei schwacher Hitze weich dünsten. Mit Kräutermeersalz würzen.

Linsensuppe mit dem Pürierstab kurz grob pürieren. Schlagobers einrühren und mit Salz, Pfeffer, Ingwer- und Zitronensaft würzen.

Suppe in Tassen füllen und mit Lauchstreifen servieren.

Suppen

Saure Rahmsuppe mit Schwarzbrotcroûtons

1 l Gemüsebrühe (S.12)
1 Lorbeerblatt
1 TL Kümmel, gemahlen
250 ml Sauerrahm
30 g Mehl
1 EL Apfelessig
2 Knoblauchzehen
Salz
schwarzer Pfeffer aus der Mühle

Für die Garnitur
2 Scheiben Schwarzbrot
20 g Butter
frischer Schnittlauch, gehackt

Gemüsebrühe mit Lorbeerblatt aufkochen lassen. Sauerrahm mit Mehl, Apfelessig, Kümmelpulver und gepresstem Knoblauch glatt rühren. Mit dem Schneebesen in die Suppe einrühren. Noch einmal aufkochen und bei schwacher Hitze 5–8 Minuten köcheln lassen. Gut durchrühren und mit Salz und frisch gemahlenem Pfeffer würzen. Vor dem Servieren das Lorbeerblatt entfernen.

Schwarzbrot in kleine Würfel schneiden. Butter erhitzen und die Brotwürfel knusprig anbraten.

Die Suppe mit gehacktem Schnittlauch und Brotcroûtons servieren.

Erdäpfelsuppe mit Steirerkäse

3 Erdäpfel
1 kleine Zwiebel
1 l Gemüsebrühe (S. 12)
2 EL Sonnenblumenöl
3 EL Sauerrahm
120 g Steirerkäse
Salz
schwarzer Pfeffer

2 EL Schnittlauchröllchen zum Garnieren

Rohe Erdäpfel schälen und kleinwürfelig schneiden. Zwiebel schälen, fein hacken und in Öl glasig dünsten. Mit Gemüsebrühe aufgießen und die Erdäpfelwürfel dazugeben. Bei mittlerer Hitze kochen lassen, bis die Erdäpfel weich sind.

Steirerkäse in Würfel schneiden und in die Suppe einrühren. Leicht aufkochen lassen, Sauerrahm unterrühren und mit Salz und Pfeffer abschmecken.

Vor dem Servieren mit gehacktem Schnittlauch bestreuen.

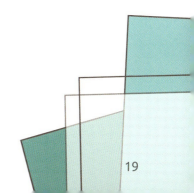

Kürbiskernfrittatensuppe

Für den Frittatenteig
20 g Kürbiskerne
150 ml Milch
80 g Mehl
2 Eier
1 Prise Salz

Sonnenblumenöl für die Pfanne

1 l Gemüsebrühe (S. 12)

2 EL Schnittlauchröllchen zum Garnieren

Für den Frittatenteig Kürbiskerne in der Nussmühle fein mahlen. Alle Zutaten mit dem Schneebesen zu einem glatten Teig verrühren und 15 Minuten rasten lassen.

In eine leicht geölte Pfanne den Teig dünn einlaufen lassen. Pfanne schräg halten, damit der Teig am Pfannenboden verläuft. Den Teig bei mittlerer Hitze auf einer Seite goldbraun werden lassen, dann mit dem Pfannenwender umdrehen. Aus dem gesamten Teig beidseitig goldbraune Palatschinken ausbacken. Die Pfanne dabei jedes Mal leicht einölen.

Die erkalteten Palatschinken einzeln einrollen und in feine Streifen schneiden. Frittaten mit heißer Gemüsebrühe aufgießen und mit Schnittlauch garniert servieren.

Suppen

Grünkernschnittensuppe

30 g Grünkernschrot
100 ml Gemüsebrühe (S. 12)
2 EL Sonnenblumenöl
1 Schalotte
1 Knoblauchzehe
1 Prise Muskatnuss
1 EL gehackte Petersilie
1 Ei
Salz
Pfeffer
4 Scheiben Toastbrot
Sonnenblumenöl zum Ausbacken

1 l Gemüsebrühe

Grünkern in einer trockenen Pfanne leicht anrösten. Mit Gemüsebrühe aufgießen und bei schwacher Hitze 15 Minuten kochen lassen, bis die Masse cremig ist. Vom Herd nehmen und auskühlen lassen.

Schalotte fein hacken und in Öl glasig dünsten. Den erkalteten Grünkern mit Ei, gedünsteten Schalottenwürfeln, Petersilie, Muskatnuss und gepresstem Knoblauch vermischen. Mit Salz und Pfeffer würzen.

Die Masse auf halbierte Toastbrotscheiben streichen und mit der bestrichenen Seite zuerst schwimmend in heißem Öl ausbacken. Auf Küchenpapier abtropfen lassen.

Auf Suppenteller verteilen, mit heißer Gemüsebrühe übergießen und sofort servieren.

Schilcherrahmsuppe mit Ziegenkäse-Crostini

1 EL brauner Zucker
250 ml Schilcher
(steirischer Roséwein aus der
Blauen Wildbacher Rebe)
50 g Butter
40 g Mehl
750 ml Gemüsebrühe (S. 12)
1 Prise Muskatnuss
Salz
125 ml Schlagobers
1 TL rote Pfefferkörner

Für die Crostini
4 Baguettescheiben
30 g Ziegenfrischkäse
1 EL Wildpreiselbeermarmelade

Braunen Zucker im Schilcher auflösen. Butter erwärmen und Mehl darin leicht anschwitzen. Mit dem gezuckerten Schilcher ablöschen und einige Minuten köcheln lassen. Mit Gemüsebrühe aufgießen und mit Muskatnuss und Salz würzen. Bei schwacher Hitze 8–10 Minuten kochen lassen.

Schlagobers einrühren und die Suppe mit dem Pürierstab aufschäumen.

Backofen auf 200 °C vorheizen. Baguettescheiben mit etwas Preiselbeermarmelade und Ziegenfrischkäse bestreichen. Im Backofen 5 Minuten knusprig überbacken.

Suppe mit zerstoßenen Pfefferkörnern bestreuen und mit den Ziegenkäse-Crostini als Beilage servieren.

 Käferbohnensuppe

120 g Käferbohnen (über Nacht eingeweicht)
1 Zwiebel
1 Knoblauchzehe
1 Karotte
1 Stange Staudensellerie
2 Erdäpfel
2 Tomaten
1 rote Paprikaschote
1 l Gemüsebrühe (S. 12)
2 EL Olivenöl
1 EL Paprikapulver, edelsüß
1 TL Majoran
1 EL Tomatenmark
1 EL Mehl
Salz
schwarzer Pfeffer

Eingeweichte Bohnen abseihen, kalt abspülen und in 1 l frischem Wasser etwa eine Stunde weich garen. Erst gegen Ende der Garzeit salzen.

Gemüse waschen, Zwiebel und Knoblauch schälen und fein hacken. Karotte und Staudensellerie sehr feinwürfelig schneiden. Erdäpfel schälen und klein würfeln. Tomaten mit kochendem Wasser überbrühen, enthäuten, Strunk und Kerne entfernen und zerkleinern. Paprikaschote entkernen und würfelig schneiden.

Zwiebel, Knoblauch, Karotte und Sellerie in Öl anbraten. Paprikapulver und Majoran unterrühren und mit Gemüsebrühe aufgießen. Erdäpfel und Tomaten zufügen und 30 Minuten bei mittlerer Hitze kochen.

Paprikawürfel und Tomatenmark dazugeben und weitere 10 Minuten kochen. Mehl mit etwas Wasser glatt rühren und die Suppe damit binden. Zum Schluss die gekochten Bohnen untermengen und mit Salz und Pfeffer würzen.

Klare Gemüsesuppe mit Polenta-Grießnockerln

1 l Gemüsebrühe (S. 12)
1 Karotte
1 Petersilienwurzel
1 Scheibe Knollensellerie
½ Stange Lauch
2 EL frische Schnittlauchröllchen

Für den Nockerlteig
50 g feiner Maisgrieß
50 g Hartweizengrieß
40 g weiche Butter
30 g Bergkäse, fein gerieben
1 Prise Muskatnuss
1 Prise Salz
1 Ei

Gemüse waschen, nach Julienne-Art schneiden, in 250 ml Gemüsebrühe erhitzen und etwa 15–20 Minuten weichdünsten. Mit dem Rest der Brühe aufgießen.

Für den Teig Butter mit Ei schaumig rühren und mit Muskatnuss und Salz würzen. Die beiden Grießsorten und den Bergkäse einrühren und die Masse 10 Minuten rasten lassen.

Reichlich Salzwasser zum Kochen bringen. Aus dem Teig mit einem Löffel Nockerln ausstechen und ins siedende Wasser geben. Auf mittlerer Flamme etwa 20 Minuten köcheln lassen. Mit einem Schaumlöffel aus dem Wasser heben und gut abtropfen lassen.

Suppe mit Nockerln und frischem Schnittlauch servieren.

Suppen

Zucchinicremesuppe

500 g Zucchini
200 g Erdäpfel
750 ml Gemüsebrühe (S. 12)
100 ml Schlagobers
Salz
schwarzer Pfeffer
1 EL Apfelbalsam

150 ml Milch
frische Schnittlauchstiele

Zucchini waschen, Stielansatz entfernen und in dicke Scheiben schneiden. Erdäpfel schälen und würfelig schneiden. Beides in der Gemüsebrühe ungefähr 15 Minuten weich kochen.

Im Mixer cremig pürieren und zurück in den Kochtopf geben. Mit Salz, Pfeffer und Essig würzen. Schlagobers einrühren und einmal kurz aufkochen lassen.

Milch mit einer Prise Salz aufkochen lassen. Mit dem Milchaufschäumer oder Schneebesen aufschlagen, bis sie schäumt.

Suppe mit Milchschaum anrichten und mit einzelnen Schnittlauchstielen garnieren.

🌱 Gebundene Gemüsesuppe

1 kleine Zwiebel
1 Knoblauchzehe
2 Karotten
2 Petersilienwurzeln
1 Kohlrabi
250 g Karfiol
50 g Erbsen
1 Zweig Petersilie
1 Zweig Liebstöckel
3 EL Sonnenblumenöl
1 Bio-Gemüsebrühwürfel
2–3 EL Vollweizenmehl
Salz
schwarzer Pfeffer

gehackte Petersilie zum Garnieren

Zwiebel und Knoblauch schälen und fein hacken. Karotte, Petersilienwurzel und geschälten Kohlrabi kleinwürfelig schneiden. Karfiol vom Strunk lösen und in kleine Röschen teilen. Kräuter waschen und fein hacken.

Zwiebel und Knoblauch in Öl glasig schwitzen. Kleingeschnittenes Gemüse, Erbsen und Kräuter dazugeben und kurz anrösten. Gemüse mit Mehl stauben und mit 1,2 l Wasser aufgießen. Brühwürfel hinzufügen und nach dem Aufkochen bei mittlerer Hitze 20–25 Minuten kochen lassen. Mit Salz und Pfeffer würzen.

Die Suppe vor dem Servieren mit gehackter Petersilie bestreuen.

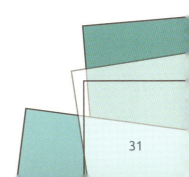

Vorspeisen und Salate

(vegan)	Sautiertes Steinpilz-Carpaccio	34
	Marinierte Rote Rüben mit Oberskren	35
	Häuptelsalat mit gebackenen Tofustreifen	36
(vegan)	Saures Sulzerl vom Wurzelgemüse	39
	Dinkelsalat mit Ziegenkäse	40
	Rahmgurken mit Kernöl	42
(vegan)	Chinakohlsalat mit Ribisel-Dressing	42
(vegan)	Warmer Krautsalat	43
	Steirische Caprese	44
	Gebackene Wildkräuter mit Knoblauch-Dip	46
(vegan)	Winterrettichsalat	47
(vegan)	Käferbohnensalat	47
	Tomaten mit Krenkruste	48
	Mangold-Topfenknöderl	49
	Gebackene Zucchiniblüten auf Petersilienschaum	51
(vegan)	Vogerlsalat mit warmen Erdäpfeln und Waldpilzen	52
	Ziegenkäsebällchen mit Birnen und Schilchersirup	55
(vegan)	Kohlrabi-Carpaccio mit Kürbiskern-Pesto	56
(vegan)	Grünkohl-Bruschetta	59

Vorspeisen und Salate

Sautiertes Steinpilz-Carpaccio

6 mittelgroße feste Steinpilze
2 EL Traubenkernöl
Saft von ½ Zitrone
Kräutermeersalz

1 TL getrocknete Hollerbeeren zum Garnieren

Steinpilze mit einer angefeuchteten weichen Bürste sorgfältig reinigen und die Enden abschneiden. Von oben nach unten in hauchdünne Scheiben schneiden.

Öl in einer Pfanne erhitzen und die Pilzscheiben beidseitig scharf anbraten.

Gebratene Steinpilze fächerförmig auf Tellern anrichten. Mit Zitronensaft beträufeln und mit Kräutermeersalz bestreuen. Das Carpaccio mit den getrockneten Hollerbeeren garnieren.

Marinierte Rote Rüben mit Oberskren

4 kleine Rote Rüben

Für die Marinade
100 ml Gemüsebrühe (S. 12)
50 ml Rotweinessig
50 ml Walnussöl
1 TL Kümmel
½ TL rote Pfefferkörner, zerstoßen
1 TL Salz

Für den Oberskren
150 ml Schlagobers
2 EL Kren, frisch gerieben
1 EL Zitronensaft
1 Prise Salz

etwas frische Kresse
zum Garnieren

Rote Rüben gut abbürsten und in reichlich kaltem Wasser zum Kochen bringen. Nach dem Aufkochen das Wasser salzen und die Rüben ungefähr 40–60 Minuten weich kochen lassen. Mit kaltem Wasser abschrecken und auskühlen lassen.

Mit einem Messer die Schale abziehen und die Rüben mit einem Gemüsehobel in feine Scheiben schneiden.

Für die Marinade alle Zutaten gut mit dem Schneebesen verrühren. Unter die Roten Rüben mischen und 2 Stunden durchziehen lassen.

Für den Oberskren Schlagobers aufschlagen und die restlichen Zutaten unterziehen.

Marinierte Rote Rüben auf dem Teller fächerförmig auflegen, in die Mitte einen Löffel Oberskren geben und mit frischer Kresse bestreuen.

Vorspeisen und Salate

Häuptelsalat mit gebackenen Tofustreifen

1 Grazer Krauthäuptel
(wahlweise Kopfsalat der Saison)

Für die Tofustreifen
400 g marinierter Tofu
2 Eier
1 Prise Salz
60 g Mehl
60 g Semmelbrösel
Sonnenblumenöl zum Frittieren

Für die Salatsauce
2 EL Apfelessig
100 ml Wasser
Kräutermeersalz
1 Knoblauchzehe, gepresst
4 EL Kürbiskernöl

Tofu mit Küchenpapier gut abtupfen und zuerst in Scheiben und dann in 1 cm breite Streifen schneiden. Eier mit Salz verquirlen. Tofustreifen in Mehl wenden, durch Eimasse ziehen und zuletzt in den Semmelbröseln wälzen.

In heißem Öl knusprig ausbacken und auf Küchenpapier abtropfen lassen.

Salatblätter waschen, trocken schleudern und in eine Schüssel geben. Salatsauce anrühren und unter den Salat mischen.

Den Salat portionsweise anrichten und mit den gebackenen Tofustreifen garnieren.

Vorspeisen und Salate

🌱 Saures Sulzerl vom Wurzelgemüse

400 g Wurzelgemüse
(Karotten, Gelbe Rüben,
Petersilienwurzel, Sellerie)
2 EL Rapsöl
1 TL Zucker
Salz
schwarzer Pfeffer
1 Lorbeerblatt
750 ml Gemüsebrühe (S. 12)
1 EL Kräuteressig
2 EL Agar-Agar-Pulver
1 Zweig frische Petersilie

Für die Salatsauce
1 rote Zwiebel
2 EL Kräuteressig
6 EL Wasser
2 EL Kürbiskernöl
Salz

Geputztes Wurzelgemüse kleinwürfelig schneiden. In heißem Rapsöl anschwitzen und mit Gemüsebrühe aufgießen. Mit Lorbeerblatt, Zucker, Salz und Pfeffer würzen und aufkochen lassen. Essig dazugeben und bei mittlerer Hitze kochen lassen, bis das Gemüse weich ist. Das Lorbeerblatt entfernen.

Agar-Agar-Pulver in etwas kaltem Wasser anrühren und untermengen. 2 Minuten kochen lassen und vom Herd nehmen.

Etwas von der Flüssigkeit abschöpfen und den Boden einer Kastenform dünn mit dem flüssigen Gelee bedecken. Kühl stellen und fest werden lassen. Abgezupfte Petersilienblätter darauf verteilen und das restliche Gelee mit einem Schöpflöffel nach und nach aufgießen. Für 3–4 Stunden in den Kühlschrank stellen.

Das erkaltete Sulzerl in dünne Scheiben schneiden und auf Teller legen. Die Zwiebel in feine Scheiben schneiden. Aus den restlichen Zutaten eine Salatsauce anrühren. Zwiebel und Marinade über das Sulzerl verteilen.

Vorspeisen und Salate

Dinkelsalat mit Ziegenkäse

250 g Dinkelreis
1 TL Salz
8 Kirschtomaten
½ Salatgurke
1 kleine rote Zwiebel
8 Radieschen
100 g Ziegenschnittkäse

Für die Salatsauce
2 EL Kapern
2 EL Zitronensaft
20 ml Traubenkernöl
20 ml Himbeeressig
50 ml Wasser
Kräutermeersalz

4 große Salatblätter

2 EL Schnittlauchröllchen zum Garnieren

Dinkelreis über Nacht in ca. 1 l Wasser quellen lassen.

Am nächsten Tag den Dinkelreis abseihen und in 750 ml frischem Wasser zum Kochen bringen. Salzen und ungefähr 40 Minuten weich kochen. Eventuell überschüssiges Wasser abgießen.

Gemüse waschen. Kirschtomaten vierteln, Salatgurke in kleine Würfel schneiden. Radieschen und Zwiebel in feine Scheiben schneiden.

Für die Salatsauce aus den Zutaten eine Marinade anrühren.

Gemüse mit dem abgekühlten Dinkel vermischen und die Marinade unterrühren. Den Salat eine Stunde durchziehen lassen.

Den gewürfelten Ziegenkäse untermischen und auf Salatblättern anrichten.

Vorspeisen und Salate

Rahmgurken mit Kernöl

2 mittelgroße Salatgurken
2 Knoblauchzehen
200 g Sauerrahm
3 EL Apfelessig
50 ml Kürbiskernöl
1 EL Dill, gehackt
Salz
weißer Pfeffer
Paprikapulver, edelsüß

Gurken waschen, der Länge nach halbieren und die Kerne mit einem Löffel entfernen. Gurken fein hobeln, salzen und 15 Minuten stehen lassen.

Gurkensaft abgießen und die Gurkenscheiben leicht ausdrücken. Sauerrahm, gepressten Knoblauch, Apfelessig, Dill und Kürbiskernöl unterrühren. Mit Salz und Pfeffer würzen

Die Rahmgurken vor dem Servieren mit etwas Paprikapulver bestreuen.

vegan Chinakohlsalat mit Ribisel-Dressing

700 g Chinakohl

Für das Ribisel-Dressing
3 EL rotes Ribiselgelee
50 ml Schwarzer-Ribisel-Essig
150 ml Gemüsebrühe
100 ml Distelöl, kaltgepresst
1 TL Salz
1 Knoblauchzehe, gepresst
4 Ribiselrispen

Vom Chinakohl den Strunk entfernen und die Blätter in feine Streifen schneiden. Waschen und gut abtropfen lassen.

Zutaten für das Dressing in ein hohes Gefäß geben und mit dem Pürierstab aufschlagen. Ribisel-Dressing unter den Chinakohl mischen und etwas durchziehen lassen.

Chinakohlsalat vor dem Servieren mit Ribiselrispen garnieren.

Warmer Krautsalat

1 Kopf Weißkraut
2 pflanzliche Trockenwürstchen
5 EL Rapsöl
1 Zwiebel
4 EL Apfelessig
1 TL Kümmel
Salz
schwarzer Pfeffer aus der Mühle
200 ml Gemüsebrühe (S. 12)

2 EL Traubenkernöl

Den Krautkopf vierteln und den Strunk entfernen. Kraut in feine Streifen schneiden.

Trockenwürstchen in feine Scheiben schneiden und in 2 EL Rapsöl leicht anbraten.

Zwiebel schälen und fein hacken. In einem größeren Topf 3 EL Rapsöl erhitzen und die Zwiebel darin glasig dünsten. Mit Essig ablöschen und das feingeschnittene Kraut untermengen. Mit Salz, frisch gemahlenem Pfeffer und Kümmel würzen. Mit Gemüsebrühe aufgießen und bei schwacher Hitze 10 Minuten dünsten.

Kraut in eine Schüssel füllen, Traubenkernöl und gebratene Würstchen untermischen und warm servieren.

Vorspeisen und Salate

Steirische Caprese

2 grüne Paprikaschoten
1 rote Zwiebel
300 g fester Schafsfrischkäse
Paprikapulver, edelsüß

Für die Marinade
4 EL Apfelbalsam
4 EL steirisches Kürbiskernöl von Hartlieb
Kräutermeersalz

2 EL Kürbiskerne
4 EL Schnittlauchröllchen

Kürbiskerne in einer Pfanne trocken rösten, bis sie leicht zu knacken beginnen.

Paprikaschoten waschen und entkernen. Zwiebel schälen. Paprika und Zwiebel in feine Ringe schneiden. Schafskäse in dünne Scheiben schneiden.

Jeweils in die Tellermitte einige Zwiebelringe geben. Rundherum abwechselnd Schafskäsescheiben und Paprikaringe auflegen. Schafskäse mit etwas Paprikapulver bestreuen.

Kräutermeersalz, Apfelbalsam und Kernöl darüber verteilen und mit den gerösteten Kürbiskernen bestreuen.

Vorspeisen und Salate

Gebackene Wildkräuter mit Knoblauch-Dip

1 Schüssel junge Wildkräuter
(z. B. Brennnessel, Löwenzahn,
Sauerampfer)
Sonnenblumenöl zum Ausbacken

Für den Ausbackteig
125 ml eiskaltes Mineralwasser
125 ml Milch
150 g Mehl
2 Eier
Salz

Für den Knoblauch-Dip
100 g Sauerrahm
50 g Naturjoghurt
2 Knoblauchzehen, gepresst
1 EL Zitronensaft
1 TL Kräutermeersalz

Für den Ausbackteig die Zutaten zu einem glatten Teig verrühren und 10 Minuten rasten lassen.

Für den Knoblauch-Dip alle Zutaten gut verrühren.

Kräuter waschen und trocken schütteln. Einzeln durch den Teig ziehen und in heißem Öl knusprig ausbacken. Auf Küchenpapier abtropfen lassen und rasch mit dem Dip servieren.

Winterrettichsalat

2 Knollen Winterrettich (schwarzer Rettich)
1 säuerlicher Apfel
1 TL Salz
1 EL Zitronensaft
1 TL Waldblütenhonig
6 EL Kürbiskernöl
1 EL Schnittlauchröllchen

Rettich gut waschen und mit der Schale grob raspeln. Salzen und 15 Minuten durchziehen lassen. Apfel schälen, entkernen und grob raspeln. Mit den übrigen Zutaten unter den Rettich mischen.

Käferbohnensalat

250 g Käferbohnen (über Nacht eingeweicht)
1 rote Paprikaschote

Für die Salatsauce
½ rote Zwiebel, gehackt
2 Knoblauchzehen, gepresst
50 ml Gemüsebrühe
50 ml Wasser
50 ml Apfelessig
50 ml steirisches Kürbiskernöl von Hartlieb
1 Prise Salz

Eingeweichte Bohnen abseihen und kalt abspülen. In reichlich Wasser zum Kochen bringen, abschäumen und bei mittlerer Hitze etwa 1,5 Stunden weich kochen lassen. Erst kurz vor Ende der Garzeit salzen.

Für die Salatsauce aus den Zutaten eine Marinade anrühren. Mit den noch warmen Bohnen vermischen und eine Stunde ziehen lassen.

Paprikaschote waschen, halbieren und Kerne entfernen. In feine Streifen schneiden und unter die Bohnen mischen.

Vorspeisen und Salate

Tomaten mit Krenkruste

4 mittelgroße Tomaten
Salz
3 Scheiben Toastbrot
80 g warme Butter
1 TL Kräutermeersalz
1 EL Petersilie, gehackt
3 EL Kren, frisch gerieben
1 EL Zitronensaft

Tomaten waschen, der Länge nach halbieren und den Strunk ausschneiden. Tomatenhälften mit der Schnittstelle nach oben auf ein mit Backpapier ausgelegtes Backblech legen und salzen.

Backofen auf 180 °C vorheizen. Toastbrot im Mixer grobflockig zerkleinern.

Butter mit Kräutermeersalz und Petersilie schaumig rühren. Brotflocken, Kren und Zitronensaft untermischen.

Tomatenhälften mit der Krenmasse bestreichen und 10–15 Minuten im Backofen überbacken.

Mangold-Topfenknöderl

200 g Mangold
40 g weiche Butter
1 Ei
Salz
40 g Weizengrieß
60 g Mehl
1 Prise Muskatnuss, frisch gerieben
40 g Bergkäse, fein gerieben
250 g Topfen (20 % Fettgehalt)

15 g Butter
Bergkäse zum Bestreuen

Mangold waschen und die grünen Blätter von den Stängeln schneiden. Das Mangoldgrün in kochendem Salzwasser blanchieren, kalt abschrecken und fein hacken.

Butter mit Ei und etwas Salz verrühren. Grieß, Mehl, Muskatnuss und geriebenen Käse untermischen. Gehackten Mangold und Topfen unterrühren und 15 Minuten ziehen lassen.

Wasser zum Sieden bringen und salzen. Aus der Masse mit einem Löffel jeweils eine kleine Menge abstechen und in der Handfläche Knöderl formen. Nach und nach ins kochende Wasser geben. Auf kleiner Flamme 5–8 Minuten köcheln lassen.

Knöderl in zerlassener Butter durchziehen und mit geriebenem Käse bestreut servieren.

TIPP
Mangoldstängel für Suppe oder für „Mangoldstängel mit Knoblauchbröseln", Rezept Seite 73, weiterverwenden.

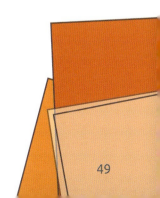

Vorspeisen und Salate

Gebackene Zucchiniblüten auf Petersilienschaum

12 Zucchiniblüten
150 g Mehl
100 ml Bier
2 EL Maiskeimöl
2 Eier
1 Prise Muskatnuss, frisch gerieben
½ TL Salz
100 ml lauwarmes Wasser

Sonnenblumenöl zum Frittieren

Für den Petersilienschaum
1 Bund Petersilie
1 Schalotte
2 EL Maiskeimöl
1 Schuss Weißwein
100 ml Gemüsebrühe (S. 12)
200 ml Schlagobers
Salz
weißer Pfeffer

Für den Petersilienschaum die Petersilie waschen und trocken schütteln. Blättchen abzupfen und fein hacken.
Schalotte schälen, fein hacken und in Öl glasig dünsten. Mit Weißwein ablöschen und mit Gemüsebrühe aufgießen. Petersilie dazugeben und einige Minuten köcheln lassen. Obers zugießen und mit Salz und Pfeffer würzen. Kurz aufkochen lassen und die Sauce im Mixer schaumig pürieren.

Für die Zucchiniblüten in einer Schüssel Mehl, Bier, Maiskeimöl, Eier, Muskatnuss und Salz zu einem dickflüssigen Teig verrühren. Lauwarmes Wasser mit dem Schneebesen einrühren und zugedeckt 30 Minuten rasten lassen.

Zucchiniblüten waschen und mit Küchenpapier abtrocknen. Stempel und Staubgefäße mit einer Schere entfernen und die Blütenspitzen leicht zusammendrehen.

Blüten einzeln durch den Teig ziehen und in heißem Öl goldbraun ausbacken. Auf Küchenpapier abtropfen lassen.

Zucchiniblüten mit Salz bestreuen und auf Petersilienschaum anrichten.

Vorspeisen und Salate

Vogerlsalat mit warmen Erdäpfeln und Waldpilzen

(vegan)

150 g Vogerlsalat
3 festkochende Erdäpfel
200 g gemischte Waldpilze im Glas
(in Öl eingelegt)

Für die Salatsauce
2 Knoblauchzehen, gepresst
½ Zwiebel, gehackt
100 ml Wasser
50 ml Apfelbalsam
50 ml Kürbiskernöl
Salz
schwarzer Pfeffer

Vogerlsalat gut waschen. Für die Salatsauce aus den Zutaten eine Marinade anrühren.

Erdäpfel in Salzwasser weich kochen, schälen und in feine Scheiben schneiden. Öl von den Waldpilzen abgießen und die noch leicht öligen Pilze in einer Pfanne erwärmen.

Marinade mit Vogerlsalat mischen und die noch warmen Erdäpfel und Waldpilze unterrühren.

Vorspeisen und Salate

Ziegenkäsebällchen mit Birnen und Schilchersirup

200 g Ziegenfrischkäse
200 g Topfen
2 EL Schnittlauch, gehackt
3 EL Kürbiskerne

4 mittelgroße Birnen
2 EL Zitronensaft

Für den Schilchersirup
200 ml Schilcher
(steirischer Roséwein aus der Blauen Wildbacher Rebe)
30 g Zucker
1 Zimtstange
3 Gewürznelken
1 Stück Sternanis
1 münzgroßes Stück Zitronenschale

1 TL bunte Pfefferkörner zum Garnieren

Kürbiskerne in der Nussmühle grob mahlen. Ziegenfrischkäse, Topfen und Schnittlauch vermischen und zu 12 Bällchen formen. In den Kürbiskernen wälzen und kühl stellen.

Birnen schälen, Kerngehäuse entfernen und vierteln. In etwas Wasser mit Zitronensaft bissfest dünsten und darauf achten, dass sie nicht zerfallen.

Für den Schilchersirup den Zucker in einem Topf karamellisieren und mit Schilcher ablöschen. Gewürze zufügen und Flüssigkeit auf zwei Drittel reduzieren. Gewürze entfernen und abkühlen lassen.

Pfefferkörner im Mörser grob zerstoßen.

Ziegenkäsebällchen und Birnen auf Tellern anrichten. Mit Schilchersirup und zerstoßenen Pfefferkörnern garnieren.

Vorspeisen und Salate

 Kohlrabi-Carpaccio mit Kürbiskern-Pesto

2 mittelgroße Kohlrabi
Salz
schwarzer Pfeffer aus der Mühle
4 EL Apfelbalsam

Für das Kürbiskern-Pesto
30 g Kürbiskerne
½ Bund Petersilie
1 Knoblauchzehe, gepresst
1 TL Kräutermeersalz
1 TL Zitronensaft
4 EL Kürbiskernöl
2 EL Walnussöl

frische Radieschen zum Garnieren

Für das Pesto Kürbiskerne in der Nussmühle fein mahlen. Petersilie waschen und gut trocken schütteln. Petersilienblättchen von den Stielen zupfen und fein hacken. Alle Zutaten zu einer cremigen Sauce verrühren.

Ein wenig vom zarten Kohlrabigrün waschen und fein hacken. Kohlrabi schälen und mit dem Gemüsehobel feinblättrig schneiden. Auf Teller auflegen, mit Salz und frisch gemahlenem Pfeffer bestreuen und mit Apfelbalsam beträufeln.

Das Kürbiskern-Pesto darauf verteilen und mit Radieschenscheiben und Kohlrabigrün garnieren.

Vorspeisen und Salate

 Grünkohl-Bruschetta

8 große Grünkohlblätter
1 Knoblauchzehe, gehackt
4 EL Rapsöl
Salz
schwarzer Pfeffer
1 Prise Paprikapulver, scharf

8 Scheiben Holzofenbrot
1 Knoblauchzehe, ganz

Saft von ½ Zitrone
2 EL Walnussöl

Kohlblätter waschen und die hellen, härteren Rippen entfernen. In Streifen schneiden und in etwas Salzwasser 15–20 Minuten kochen lassen, bis sie weich sind. Abseihen und gut ausdrücken.

Gehackten Knoblauch in Öl goldgelb anbraten. Kohl dazugeben, mit Salz, Pfeffer und Paprikapulver würzen und einige Minuten dünsten.

Die Brotscheiben im Backofen knusprig rösten, mit einer halbierten Knoblauchzehe kräftig einreiben und mit dem warmen Kohl belegen.

Vor dem Servieren mit Walnussöl und Zitronensaft beträufeln.

Gemüsegerichte und Beilagen

Zucchini-Schafskäse-Röllchen	62
Kürbisrahmgemüse	63
Schilcherweinkraut mit glasierten Kastanien	64
Eierschwammerlgröstl	66
Kernöl-Erdäpfelpüree	67
(vegan) Ofengebackenes Wurzelgemüse	68
Sellerischeiben in Kürbiskernpanier mit Apfelkren	71
Gebackene Kürbisstreifen mit Schnittlauchsauce	72
Mangoldstängel mit Knoblauchbröseln	73
Gebackenes Parasolschnitzel	73
(vegan) Gefüllte Paprika mit Tomatensauce	75
(vegan) Thymian-Erdäpfel-Wedges	76
Bohnen im Omelettemantel	76
(vegan) Linsensauce mit Räuchertofu	77
Gefüllte Krautrouladen	79
Rote-Rüben-Taler mit Kümmelrahm	80

Zucchini-Schafskäse-Röllchen

1 Stück Zucchini
250 g Kirschtomaten
400 g Schafskäse mit Kürbiskernen
(wahlweise ohne)
50 ml Rapsöl
2 Zweige Zitronenthymian
Salz
schwarzer Pfeffer

etwas Zitronensaft zum Beträufeln

Zucchini waschen, Spitze und Strunk abschneiden und mit einer Aufschnittmaschine der Länge nach in dünne Streifen schneiden.

Kirschtomaten waschen und am Strunk kreuzweise einschneiden.

Schafskäse in ca. 2 cm breite Stücke schneiden und mit Zucchinistreifen umwickeln.

Öl in einer Pfanne erhitzen und die Zucchiniröllchen beidseitig kurz anbraten. Auf ein Backblech geben und im Backofen warm halten.

Im verbliebenen Öl Kirschtomaten anbraten und bei mittlerer Hitze im eigenen Saft 10–15 Minuten schmoren lassen. Zitronenthymian dazugeben und kurz mitbraten. Mit Salz und Pfeffer würzen.

Zucchini-Schafskäse-Röllchen mit Kirschtomaten anrichten und mit etwas Zitronensaft beträufeln.

Kürbisrahmgemüse

1 kg Ölkürbisfleisch, grob geschabt
1 Zwiebel
3 EL Rapsöl
1 TL Paprikapulver, edelsüß
1 TL Kümmel, ganz
600 ml Gemüsebrühe (S. 12)
3 EL Sauerrahm
1 EL Mehl
Salz
schwarzer Pfeffer

2 EL Kürbiskerne
Sauerrahm und Paprikapulver zum Garnieren

Kürbiskerne in einer Pfanne trocken rösten, bis sie leicht zu knacken beginnen.

Zwiebel schälen, fein hacken und in Öl anschwitzen. Paprikapulver und Kümmel unterrühren und mit Gemüsebrühe aufgießen. Kürbis dazugeben und bei mittlerer Hitze 20 Minuten dünsten.

Sauerrahm mit Mehl glatt verrühren und untermengen. Mit Salz und Pfeffer würzen und einmal aufkochen lassen.

Kürbisgemüse vor dem Servieren mit einem Löffel Sauerrahm garnieren und mit Paprikapulver und Kürbiskernen bestreuen.

Schilcherweinkraut mit glasierten Kastanien

800 g Weißkraut
1 Zwiebel
1 Apfel
3 EL Butterschmalz
2 EL Zucker
250 ml Schilcher
(steirischer Roséwein aus der
Blauen Wildbacher Rebe)
200 ml Gemüsebrühe (S. 12)
Salz
Pfeffer
1 EL Zitronensaft

Für die Kastanien
200 g Kastanien, vorgegart und
geschält
3 EL Zucker
2 EL Wasser
20 ml Gemüsebrühe
1 EL Butter

Weißkraut halbieren, den Strunk entfernen und Krautblätter würfelig schneiden. Zwiebel schälen und fein hacken. Apfel schälen, halbieren, Kerngehäuse entfernen und kleinwürfelig schneiden.

Zwiebel in Butterschmalz anschwitzen. Zucker unterrühren, Apfelstücke hinzufügen und leicht anbräunen lassen. Mit Schilcher ablöschen und Kraut dazugeben. Mit Gemüsebrühe aufgießen. Mit Salz, Pfeffer und Zitronensaft würzen und 40–45 Minuten weich dünsten.

Für die glasierten Kastanien Zucker und Wasser in einer Pfanne erhitzen. Bei schwacher Hitze leicht anbräunen lassen. Kastanien zufügen und mit Gemüsebrühe aufgießen. Einige Minuten köcheln lassen, bis die Flüssigkeit eingedickt ist. Butter unterrühren und vom Herd nehmen.

Weinkraut mit den glasierten Kastanien garniert servieren.

Gemüsegerichte und Beilagen

Eierschwammerlgröstl

750 g festkochende Erdäpfel
100 g Spinat
200 g Eierschwammerln
1 Zwiebel
7 EL Sonnenblumenöl
30 g Butter
Salz
schwarzer Pfeffer aus der Mühle

Erdäpfel mit der Schale in Salzwasser gar kochen. Schälen, halbieren und in Scheiben schneiden.

Spinat in wenig Salzwasser blanchieren, kalt abschrecken und in Streifen schneiden.

Eierschwammerln putzen, die größeren Schwammerln halbieren. Zwiebel fein hacken und in 2 EL Sonnenblumenöl anschwitzen. Eierschwammerln dazugeben, mit Salz und Pfeffer würzen und weich dünsten.

Erdäpfelscheiben im restlichen Öl goldbraun anbraten. Butter dazugeben und Eierschwammerln und Spinat untermischen.

Mit Salz und frisch gemahlenem Pfeffer würzen.

Kernöl-Erdäpfelpüree

1 kg mehlig kochende Erdäpfel
30 g Butter
200 ml warme Milch
Salz
1 Prise Muskatnuss, frisch gerieben
1 Prise Kümmel, gemahlen
4 EL Kürbiskernöl
2 EL Petersilie, gehackt

Erdäpfel schälen, in große Würfel schneiden und in einem Topf mit so viel Wasser aufstellen, dass sie gerade bedeckt sind.

Aufkochen lassen, salzen und 15–20 Minuten weich garen. Vom Herd nehmen und eventuell überschüssiges Wasser abgießen.

Butter zufügen und die Hälfte der Milch zugießen. Mit einem Erdäpfelstampfer zerkleinern, restliche Milch zufügen und mit einem Schneebesen schaumig schlagen. Mit Salz, Kümmel und Muskatnuss würzen. Zum Schluss das Kürbiskernöl unterrühren.

Das Püree vor dem Servieren mit gehackter Petersilie bestreuen.

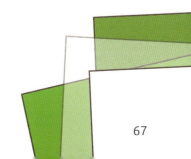

Gemüsegerichte und Beilagen

# Ofengebackenes Wurzelgemüse

2 Zuckermaiskolben
2 Petersilienwurzeln
2 Gelbe Rüben
6 Karotten
2 rote Zwiebeln
4 Knoblauchzehen
50 ml Rapsöl
Saft von 1 Zitrone
Kräutermeersalz
1 Prise Zucker
1 TL Kümmel, ganz
100 ml Gemüsebrühe (S. 12)

Von den Maiskolben Blätter und Fäden entfernen. In etwas Salzwasser vorgaren und in breite Scheiben schneiden.

Das Wurzelgemüse waschen, putzen und der Länge nach in dickere Stifte schneiden. Zwiebeln schälen und in Viertel schneiden. Knoblauch schälen und ganz lassen.

Backofen auf 190 °C vorheizen.

Gemüse, Mais und Knoblauchzehen auf einem mit Backpapier ausgelegten Backblech verteilen.

Rapsöl mit Zitronensaft, Kräutermeersalz, Zucker und Kümmel verrühren und über das Gemüse gießen.

Im Backofen auf oberster Schiene 25–30 Minuten braten.

Nach der Hälfte der Garzeit die Gemüsebrühe angießen und das Gemüse mit einem Kochlöffel hin und wieder wenden.

Sellerischeiben in Kürbiskernpanier mit Apfelkren

2 Sellerieknollen
3 EL Zitronensaft
20 g Kürbiskerne
60 g Semmelbrösel
2 Eier
Kräutermeersalz
60 g Mehl
1 Zitrone
Sonnenblumenöl zum Frittieren

Für den Apfelkren
2 säuerliche Äpfel
2 EL Kren, frisch gerieben
Salz
1 Prise Zucker

Für den Apfelkren Äpfel waschen, entkernen und fein reiben. Kren untermischen und mit Salz und Zucker würzen.

Sellerie schälen und in 1 cm dicke Scheiben schneiden. Die größeren Scheiben halbieren. In kochendem Salzwasser mit Zitronensaft bissfest vorgaren. Kalt abschrecken und mit Küchenpapier trocken tupfen.

Kürbiskerne fein hacken und mit den Semmelbröseln mischen. Eier mit Kräutermeersalz verquirlen. Sellerischeiben in Mehl wenden, dann durch das Ei ziehen und zuletzt in der Bröselmischung wälzen.

In heißem Öl goldbraun ausbacken und auf Küchenpapier abtropfen lassen.

Gebackene Sellerischeiben mit einer Zitronenspalte und Apfelkren servieren.

Gemüsegerichte und Beilagen

Gebackene Kürbisstreifen mit Schnittlauchsauce

600 g Muskat- oder Hokkaidokürbis
2 Eier
Salz
schwarzer Pfeffer
80 g Semmelbrösel
60 g Mehl
Sonnenblumenöl zum Frittieren

Für die Schnittlauchsauce
1 Bund Schnittlauch
125 g Sauerrahm
125 g Naturjoghurt
2 EL Mayonnaise
1 TL Zitronensaft
Kräutermeersalz

Für die Schnittlauchsauce den Schnittlauch in feine Röllchen schneiden und mit den übrigen Zutaten verrühren.

Kürbis halbieren, schälen (entfällt beim Hokkaido), entkernen und in 1 cm dicke Streifen schneiden. In kochendem Salzwasser bissfest garen und auskühlen lassen.

Eier mit Salz und Pfeffer verquirlen. Kürbisstreifen zuerst im Mehl wenden, dann durch das Ei ziehen und zuletzt in den Semmelbröseln wälzen.

In heißem Öl knusprig ausbacken und auf Küchenpapier abtropfen lassen. Mit Schnittlauchsauce servieren.

TIPP
Gebackene Kürbisstreifen schmecken auch kalt sehr gut: Ein Stück Bauernbrot mit etwas Butter und Senf bestreichen und mit den kalten Kürbisstreifen belegen.

Mangoldstängel mit Knoblauchbrösel

Semmel in Würfel schneiden und im Mixer zu groben Bröseln mahlen.

Knoblauch schälen und fein hacken. Butter zerlassen und Knoblauch bei schwacher Hitze kurz anbraten. Brösel dazugeben und goldbraun rösten. Mit Kräutermeersalz und Paprikapulver würzen.

Mangoldstängel waschen und in 2 cm dicke Streifen schneiden. In kochendem Salzwasser bissfest garen und kalt abschrecken. Gut abtropfen lassen und unter die Knoblauchbrösel mischen.

400 g Mangoldstängel (ohne grüne Blätter)
1 Semmel vom Vortag
2 Knoblauchzehen
40 g Butter
1 Prise Paprikapulver, scharf
Kräutermeersalz

Gebackenes Parasolschnitzel

Parasolpilze trocken reinigen und den Stiel entfernen. Größere Schirmkappen eventuell halbieren. Eier mit Salz und Pfeffer verquirlen. Die Schirme in Mehl wenden, dann durch das Ei ziehen und zuletzt in den Semmelbröseln wälzen.

In heißem Öl schwimmend auf beiden Seiten ausbacken. Auf Küchenpapier abtropfen lassen.

Parasolschnitzel mit Preiselbeeren und einer Zitronenspalte servieren.

4 mittelgroße Parasolpilze
100 g Semmelbrösel
2 Eier
Salz
schwarzer Pfeffer
60 g Mehl
Sonnenblumenöl zum Frittieren

4 EL Wildpreiselbeermarmelade
1 Zitrone

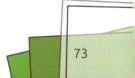

🌱 Gefüllte Paprika mit Tomatensauce

Zutaten:

4 grüne Paprikaschoten
150 g Rundkornreis, gekocht
100 g Grünkernschrot
125 ml Gemüsebrühe (S. 12)
3 EL Sonnenblumenöl
1 kleine Zwiebel
2 Knoblauchzehen
1 EL Tomatenmark
2 EL Petersilie, gehackt
Salz
schwarzer Pfeffer

Für die Tomatensauce
½ Zwiebel
2 EL Olivenöl
250 ml Gemüsebrühe
500 g passierte Tomaten
1 Knoblauchzehe
1 Lorbeerblatt
1 EL Zucker
Salz
schwarzer Pfeffer

Für die Tomatensauce die gehackte Zwiebel in Olivenöl glasig dünsten und mit der Gemüsebrühe ablöschen. Passierte Tomaten dazugeben und aufkochen lassen. Knoblauchzehe, Lorbeerblatt, Zucker, etwas Salz und Pfeffer zufügen und 15 Minuten leicht köcheln lassen. Knoblauch und Lorbeerblatt entfernen. Die Sauce durch ein Passiersieb streichen und eventuell mit Salz und Pfeffer nachwürzen.

Paprikaschoten waschen, Deckel abschneiden und Samenkerne entfernen. Schoten und Deckel in kochendem Salzwasser 10 Minuten leicht sieden lassen. Abseihen, mit kaltem Wasser abschrecken und abtropfen lassen.

Grünkernschrot in einer trockenen Pfanne kurz rösten, bis er zu duften beginnt. Mit Gemüsebrühe löschen und gut verrühren. Vom Herd nehmen und zugedeckt 10 Minuten quellen lassen.

Backofen auf 190 °C vorheizen.

Zwiebel und Knoblauch fein hacken und in Öl andünsten. Den gequollenen Grünkernschrot dazugeben und kurz anbraten. Tomatenmark und Petersilie unterrühren und mit Salz und Pfeffer würzen.

Den gekochten Reis mit dem Grünkernschrot vermischen und die Paprikaschoten damit füllen. Deckel aufsetzen, aufrecht in eine geölte feuerfeste Form stellen und 30 Minuten im Backofen braten. Tomatensauce dazugeben und weitere 15–20 Minuten dünsten.

Gemüsegerichte und Beilagen

 Thymian-Erdäpfel-Wedges

400 g Erdäpfel
50 ml Rapsöl
1 Knoblauchzehe, gepresst
1 Prise Kümmel, gemahlen
1 TL Thymian, gerebelt
Salz
Pfeffer

Backofen auf 180 °C vorheizen.

Erdäpfel schälen, in Spalten schneiden und in eine Schüssel geben. Rapsöl mit Knoblauch und Gewürzen verrühren und unter die Erdäpfel mischen.

Auf einem mit Backpapier belegten Backblech verteilen und im Backofen auf oberster Schiene 15–20 Minuten braten.

Bohnen im Omelette-Mantel

300 g Bohnschoten
1 Knoblauchzehe, gepresst
1 Lorbeerblatt
3 Eier
50 ml Milch
2 EL Hartkäse, gerieben
1 EL Schnittlauch, gehackt
1 EL Butter
Salz
schwarzer Pfeffer aus der Mühle

Sonnenblumenöl zum Ausbacken

Bohnschoten waschen und Enden abschneiden. In kochendem Salzwasser mit Knoblauch und Lorbeerblatt bissfest kochen.

Für den Omelette-Mantel Eier mit Milch, Hartkäse, Schnittlauch und einer Prise Salz verrühren. In einer Pfanne Öl erhitzen und 4 dünne Omeletten ausbacken. Omeletten halbieren und jeweils eine Handvoll Bohnschoten damit umwickeln.

Butter in einer Pfanne erhitzen und die Bohnenbündel von allen Seiten knusprig anbraten. Mit frisch gemahlenem Pfeffer würzen.

Linsensauce mit Räuchertofu

250 g braune Linsen (über Nacht eingeweicht)
200 g Räuchertofu
5 EL Maiskeimöl
½ Zwiebel
1 TL Thymian, gerebelt
1 TL Kräuteressig
750 ml Gemüsebrühe (S. 12)
2 Knoblauchzehen
1 EL Zitronensaft
1 EL Senf

Räuchertofu in kleine Würfel schneiden und in 3 EL Maiskeimöl anbraten.

Eingeweichte Linsen abseihen und kalt abspülen.

Zwiebel schälen, feinwürfelig hacken und im restlichen Öl andünsten. Linsen und Thymian dazugeben, kurz mitdünsten und mit Kräuteressig ablöschen. Mit Gemüsebrühe aufgießen und etwa 30–40 Minuten bei mittlerer Hitze weich kochen.

Tofuwürfel und gepressten Knoblauch unterrühren. Mit Senf und Zitronensaft würzen und etwas durchziehen lassen.

Gefüllte Krautrouladen

Für die Fülle den Couscous mit warmer Gemüsebrühe übergießen und zugedeckt quellen lassen.

Inzwischen Kraut keilförmig vom Strunk befreien und im Ganzen in kochendem Salzwasser vorgaren, bis sich die äußeren Blätter ablösen. 8 Blätter einzeln abziehen und kalt abschrecken. Den verbliebenen Strunk an den Blättern ausschneiden. Restlicher Krautkopf kann für Suppe und dergleichen weiterverwendet werden.

Für die Fülle Zwiebel, Karotte und Sellerie kleinwürfelig schneiden und in Öl anrösten. Butter unterrühren und Couscous und Petersilie untermischen. Mit Salz und Pfeffer würzen und auskühlen lassen. Emmentaler-Käsecreme unterrühren und zu 8 Rollen formen.

Jedes Krautblatt mit einer Couscous-Rolle belegen, seitlich einschlagen und aufrollen. Rouladen mit Küchengarn zusammenbinden.

Butter und 2 EL Sonnenblumenöl in einer großen Pfanne erhitzen und die Rouladen von beiden Seiten leicht anbraten. Mit Gemüsebrühe aufgießen und zugedeckt bei schwacher Hitze 25 Minuten schmoren lassen.

Rouladen aus der Pfanne nehmen, Garn entfernen und mit Schnittlauchstängeln umwickeln. In einer extra Pfanne oder im Backrohr warm halten. Gewürfelte Tomaten, Tomatenmark und Zucker in den Schmorsaft einrühren. Mit Salz und Pfeffer würzen und 5 Minuten kochen lassen. Maisstärke mit Wasser und mit Sauerrahm glatt rühren und die Sauce damit binden. Bei schwacher Hitze 3–5 Minuten köcheln lassen.

Gefüllte Krautrouladen mit der Sauce anrichten.

1 mittlerer Weißkrautkopf
500 ml Gemüsebrühe
30 g Butter
2 EL Sonnenblumenöl
5 EL gewürfelte Tomaten aus der Dose
1 EL Tomatenmark
1 EL Maisstärke
1 EL Wasser
2 EL Sauerrahm
1 EL Zucker
Salz
schwarzer Pfeffer
8 Schnittlauchstängel

Für die Fülle
150 g Couscous
300 ml Gemüsebrühe
½ Zwiebel
1 Karotte
1 Stange Staudensellerie
2 EL Sonnenblumenöl
1 EL Butter
Salz
Pfeffer
1 EL Petersilie, gehackt
2 EL Emmentaler-Käsecreme

Gemüsegerichte und Beilagen

Rote-Rüben-Taler mit Kümmelrahm

500 g Rote Rüben, gekocht
Kräutermeersalz
Pfeffer
2 Eier
60 g Mehl
80 g Semmelbrösel
Sonnenblumenöl zum Frittieren

Für den Kümmelrahm
250 g Sauerrahm
1 TL Kümmel, gemahlen
1 TL Zitronensaft
Salz
Kümmelkörner zum Garnieren

Für den Kümmelrahm den Sauerrahm mit Kümmelpulver, Zitronensaft und Salz verrühren und eine Stunde durchziehen lassen. Vor dem Servieren mit ganzen Kümmelkörnern bestreuen.

Rote Rüben in 1 cm dicke Scheiben schneiden. Daraus mit einem Glas gleich große Taler ausstechen. Rübenreste kleinwürfelig schneiden und für die Garnitur zur Seite stellen. Taler beidseitig mit Kräutermeersalz und Pfeffer würzen.

Eier mit einer Gabel verquirlen. Rübenscheiben zuerst in Mehl wenden, dann durch das Ei ziehen und zuletzt in den Semmelbröseln wälzen.

In heißem Öl schwimmend ausbacken und auf Küchenpapier abtropfen lassen.

Rote-Rüben-Taler mit Kümmelrahm anrichten und mit gehackten Rübenwürfeln garniert servieren.

Nudel- und Getreidegerichte

Spaghetti mit Kürbissauce	84
Überbackene Fleckerlnudeln	86
Topfennudeln	87
(vegan) Bohnen-Nudeltopf	87
Polenta-Schafskäsestrudel mit Schilcher-Kresseschaum	89
Risotto mit Kürbis	90
Palatschinken-Spinat-Lasagne	91
Rollgerstenrisotto mit Käferbohnen	92
Bunte Mascherlnudeln mit Steirerschimmelkäsesauce	95
Spinatnockerln mit Thymianbutter	96
(vegan) Dinkelnudeln mit Grünkern-Wurzelragout	99

Nudel- und Getreidegerichte

Spaghetti mit Kürbissauce

400 g Spaghetti

Für die Kürbissauce
400 g Butternusskürbisfleisch
2 EL Sonnenblumenöl
1 Zwiebel
2 Knoblauchzehen
1 Karotte
1 Scheibe Knollensellerie
1 grüne Pfefferonischote
1 EL Tomatenmark
1 TL Paprikapulver, scharf
2 EL Weißweinessig
250 ml Gemüsebrühe (S. 12)
Salz
weißer Pfeffer
1 EL Sauerrahm
1 EL Schlagobers

Für die paprizierten Kürbiskerne
20 g Kürbiskerne
1 TL Butter
1 Msp. Paprikapulver, edelsüß
½ TL Kräutermeersalz

Für die paprizierten Kürbiskerne die Kerne mit einem scharfen Messer fein hacken. Butter erwärmen und Kürbiskerne darin leicht rösten. Vom Herd nehmen, Kräutermeersalz und Paprikapulver unterrühren und auskühlen lassen.

Für die Kürbissauce geschälten und entkernten Kürbis in kleine Würfel schneiden. Zwiebel, Knoblauch, Karotte und Sellerie feinwürfelig schneiden. Pfefferoni der Länge nach aufschneiden, entkernen und fein hacken.

In erhitztem Öl Zwiebel, Karotte, Sellerie, Knoblauch und Pfefferoni anschwitzen. Tomatenmark und Paprikapulver einrühren und mit Essig ablöschen. Mit Gemüsebrühe aufgießen und die Kürbiswürfel dazugeben. Bei mittlerer Hitze 25 Minuten weichdünsten. Mit Salz und Pfeffer würzen. Sauerrahm mit Obers verrühren und unter das Gemüse mischen.

Nudeln in Salzwasser bissfest kochen. Abseihen und mit Kürbissauce und paprizierten Kürbiskernen servieren.

Nudel- und Getreidegerichte

Überbackene Fleckerlnudeln

350 g Fleckerlnudeln
½ Zwiebel, gehackt
3 EL Sonnenblumenöl
4 Soja-Wienerle
250 ml Sauerrahm
125 ml Schlagobers
3 Eier
2 EL Schnittlauch, gehackt
Salz
schwarzer Pfeffer
100 g Emmentaler Käse, gerieben
3 EL Semmelbrösel

Fleckerln in Salzwasser bissfest kochen, abseihen und ca. 125 ml Nudelwasser aufheben.

Sojawürstchen kleinwürfelig schneiden und in heißem Öl knusprig anbraten. Zwiebel dazugeben und hellbraun rösten.

Eier, Sauerrahm und Obers mit dem Schneebesen gut verrühren. Schnittlauch untermischen und mit Salz und Pfeffer würzen.

Backofen auf 190 °C vorheizen.

In einer Schüssel die gekochten Fleckerln mit Nudelwasser, Sojawürstchen und Ei-Mischung gut vermengen.

Die Masse in eine gefettete Auflaufform füllen, mit geriebenem Käse und Semmelbröseln bestreuen und etwa 30 Minuten überbacken.

Topfennudeln

Nudeln bissfest kochen und abseihen. Butter in einer Pfanne erhitzen und Nudeln darin leicht anrösten. Topfen und Sauerrahm verrühren und unter die Bandnudeln mischen.

Topfennudeln mit gehacktem Schnittlauch und frisch gemahlenem schwarzen Pfeffer bestreuen.

Die Nudeln können mit grünem Salat oder auch mit Apfelkompott serviert werden.

350–400 g Bandnudeln
250 g Magertopfen
100 g Sauerrahm
30 g Butter
Salz
schwarzer Pfeffer
gehackter Schnittlauch

Bohnen-Nudeltopf

Eingeweichte Bohnen abgießen und kalt abspülen. In 1 l Wasser zum Kochen bringen, abschäumen und bei mittlerer Hitze zugedeckt 40 Minuten weich garen. Kurz vor Ende der Garzeit salzen. Überschüssiges Wasser abgießen und die Hälfte der gekochten Bohnen mit 250 ml Gemüsebrühe pürieren.

Zwiebel und Knoblauch schälen und fein hacken. Sellerie und Karotte kleinwürfelig schneiden. Das Öl in einem großen Kochtopf erhitzen und das feingeschnittene Gemüse und die Kräuter darin anbraten.

Mit einem Drittel der Gemüsebrühe aufgießen und 5–10 Minuten dünsten lassen. Restliche Gemüsebrühe zufügen. Nach dem Aufkochen die Hörnchen dazugeben und bei mittlerer Hitze kochen, bis die Nudeln gar sind. Bohnenpüree und restliche ganze Bohnen unterrühren und mit Salz und Pfeffer würzen.

Mit gehacktem Schnittlauch bestreut servieren.

200 g Wachtelbohnen (über Nacht eingeweicht)
250 ml Gemüsebrühe

200 g Hörnchen-Nudeln
1 Zwiebel
1 Scheibe Knollensellerie
1 Karotte
2 Knoblauchzehen
1 l Gemüsebrühe
3 EL Maiskeimöl
1 EL Petersilie, gehackt
1 EL Liebstöckel, gehackt
Salz
schwarzer Pfeffer

gehackter Schnittlauch

Polenta-Schafskäsestrudel mit Schilcher-Kresseschaum

Mehl, Salz und Öl in eine Schüssel geben. Mit Wasser zu einem glatten, geschmeidigen Teig kneten. Zu einer Kugel formen, mit Öl bestreichen und zugedeckt an einem warmen Ort rasten lassen.

Gemüsebrühe aufkochen lassen und Maisgrieß einrühren. Nach dem Aufkochen 20–25 Minuten bei schwacher Hitze quellen lassen. In eine Schüssel füllen und auskühlen lassen. Ei trennen und Eiklar zu Schnee schlagen. Eidotter und Petersilie unter den Maisgrieß mischen und mit Salz, Pfeffer und Muskatnuss würzen. Zum Schluss den Eischnee löffelweise unterheben.

Schafskäse in kleine Würfel schneiden. Backofen auf 200 °C vorheizen. Eidotter mit Milch verrühren.

Teig auf ein bemehltes Küchentuch legen und zu einem Rechteck ausrollen. Teig mit den Händen von unten hochheben und von der Mitte aus über die Handrücken ziehen. Vorsichtig papierdünn ausziehen. Die Polentamasse auf dem ausgezogenen Teig verteilen, dabei einen Rand von 3 cm frei lassen. Mit den Schafskäsewürfeln belegen. Teigenden seitlich einschlagen und den Strudel mit Hilfe des Tuchs aufrollen. Auf ein mit Backpapier belegtes Backblech geben, mit Eidotter bestreichen und 15 Minuten backen.

Für den Schilcher-Kresseschaum die Butter erhitzen, Mehl darin anschwitzen und mit Schilcher ablöschen. Mit Gemüsebrühe aufgießen und 5 Minuten schwach kochen lassen. Sauerrahm einrühren und mit Salz und Pfeffer würzen.

Vor dem Servieren die Sauce noch einmal aufkochen lassen, mit dem Pürierstab aufschäumen und die Kresse einrühren.

Polentastrudel in Stücke schneiden und mit Kresseschaum servieren.

Strudelteig
150 g Mehl
2 EL Sonnenblumenöl
½ TL Salz
ca. 120 ml lauwarmes Wasser

Fülle
200 g Polenta
750 ml Gemüsebrühe (S. 12)
100 g Schafskäse
1 EL Butter
1 Ei
1 Prise Muskatnuss
1 EL Petersilie, gehackt
Salz
schwarzer Pfeffer

1 Eidotter
2 EL Milch

Schilcher-Kresseschaum
1 EL Butter
1 EL Mehl
150 ml Gemüsebrühe (S. 12)
100 ml Schilcher
125 g Sauerrahm
3 EL frische Kresse

Nudel- und Getreidegerichte

Risotto mit Kürbis

300 g Muskatkürbis
2 Schalotten
300 g Risottoreis
4 EL Olivenöl
50 ml Weißwein
1,5 l Gemüsebrühe (S. 12)
Salz
schwarzer Pfeffer
30 g Bergkäse, gerieben

Kürbis schälen, entkernen und kleinwürfelig schneiden. Schalotten schälen und fein hacken.

Öl in einem breiten Topf erhitzen und Schalotten und Kürbis darin anschwitzen. Reis dazugeben, einige Minuten unter Rühren mitdünsten und mit Weißwein ablöschen. Wenn die Flüssigkeit verdampft ist, mit etwas heißer Brühe aufgießen. Unter ständigem Rühren nach und nach mit so viel Brühe aufgießen, dass der Reis gerade bedeckt ist.

Ungefähr 25–30 Minuten so fortfahren, bis der Reis eine sämige Konsistenz hat, aber noch leicht bissfest ist. Mit Salz und Pfeffer würzen, vom Herd nehmen und Butter einrühren.

Einige Minuten durchziehen lassen und vor dem Servieren mit dem geriebenen Käse bestreuen.

Palatschinken-Spinat-Lasagne

Für die Palatschinken
200 g Mehl
350 ml Milch
2 Eier
Salz
Sonnenblumenöl für die Pfanne

Für die Spinatfülle
750 g frischer Spinat
1 Zwiebel
2 EL Butter
Salz
schwarzer Pfeffer
1 Knoblauchzehe
250 g Topfen
30 g Hartkäse, fein gerieben

Für die Béchamelsauce
200 ml warme Milch
200 ml warme Gemüsebrühe (S. 12)
20 g Butter
20 g Mehl
1 Prise Muskatnuss, frisch gerieben
Salz

1 EL Butter für die Form
100 g geriebener Emmentaler zum Überbacken

Für die Palatschinken aus Mehl, Milch, Eiern und Salz einen flüssigen Teig anrühren und 15 Minuten rasten lassen. Etwas Öl in einer Pfanne erhitzen und aus dem Teig nacheinander nicht zu dünne Palatschinken ausbacken.

Für die Fülle Spinat in kochendem Salzwasser kurz blanchieren und kalt abschrecken. Gut ausdrücken und grob hacken. Zwiebel in Butter leicht anbraten, Spinat dazugeben und einige Minuten dünsten. Mit Salz, Pfeffer und gepresstem Knoblauch würzen und auskühlen lassen. Topfen und Hartkäse untermischen.

Backofen auf 200 °C vorheizen.

Für die Béchamelsauce Gemüsebrühe und Milch vermengen. Butter zerlassen und Mehl darin anschwitzen. Mit der Hälfte der Flüssigkeit aufgießen und die Sauce unter ständigem Rühren eindicken. Restliche Flüssigkeit dazugießen, mit Salz und Muskatnuss würzen und bei schwacher Hitze 15 Minuten köcheln lassen.

Palatschinken, Spinat und Béchamelsauce lagenweise in eine gebutterte, feuerfeste Form schichten. Um die Form besser auslegen zu können, kann man die Palatschinken auch zuschneiden. Mit Spinat und Béchamelsauce abschließen. Geriebenen Emmentaler darauf verteilen und 30 Minuten überbacken.

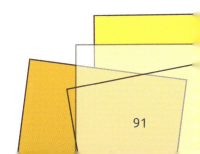

Rollgerstenrisotto mit Käferbohnen

80 g Käferbohnen
200 g Rollgerste
2 Schalotten
1 Stange Staudensellerie
2 EL Olivenöl
70 ml Weißwein
800 ml warme Gemüsebrühe (S. 12)
20 g Butter
2 EL Frischkäse mit Kräutern
Salz
weißer Pfeffer
2 EL Petersilie, gehackt

Rollgerste und Käferbohnen über Nacht einweichen.

Eingeweichte Bohnen abgießen und kalt abspülen. In 750 ml Wasser zum Kochen bringen, abschäumen und bei mittlerer Hitze etwa 50 Minuten weich kochen. Erst kurz vor Ende der Garzeit salzen.

Rollgerste abgießen. Schalotten schälen und fein hacken. Staudensellerie kleinwürfelig schneiden. Öl erhitzen und Schalotten und Staudensellerie darin anschwitzen.

Rollgerste dazugeben und einige Minuten mitrösten. Mit Weißwein ablöschen und rühren, bis die Flüssigkeit verdampft ist. Mit Gemüsebrühe aufgießen und 30 Minuten garen, dabei immer wieder umrühren.

Ausgekühlte Käferbohnen halbieren, in Butter leicht anbraten und unter die Rollgerste mischen. Frischkäse einrühren, mit Salz und Pfeffer würzen und etwas durchziehen lassen.

Das Risotto vor dem Servieren mit gehackter Petersilie bestreuen.

Bunte Mascherlnudeln mit Steirerschimmelkäsesauce

350 g bunte Mascherlnudeln

Für die Steirerschimmelkäsesauce
½ Zwiebel
2 EL Rapsöl
1 Schuss Weißwein
100 ml Gemüsebrühe (S. 12)
250 ml Schlagobers
120 g Steirerschimmelkäse
(wahlweise anderer
Blauschimmelkäse)
30 g fester Schafsfrischkäse
30 g Walnüsse, gehackt
Salz
schwarzer Pfeffer aus der Mühle

Zwiebel schälen, fein hacken und in Öl glasig dünsten. Mit Weißwein ablöschen und mit Gemüsebrühe aufgießen. Kurz einkochen lassen und Schlagobers dazugeben.

Für die Käsesauce Steirerschimmelkäse und Schafskäse in kleine Würfel schneiden und in die Masse einrühren. Bei schwacher Hitze 10 Minuten kochen lassen, bis die Sauce sämig ist. Mit Salz und frisch gemahlenem Pfeffer abschmecken. Zum Schluss die Walnüsse unterrühren.

Nudeln in reichlich Salzwasser bissfest kochen. Abgießen und mit der Käsesauce servieren.

Nudel- und Getreidegerichte

Spinatnockerln mit Thymianbutter

Für den Nockerlteig
250 g Mehl
50 g Hartweizengrieß
100 g Spinat, passiert
2 Eidotter
20 g Hartkäse, fein gerieben
1 TL Salz
1 Prise Muskatnuss, frisch gerieben
200 ml Wasser

Für die Thymianbutter
30 g Mandelstifte
60 g Butter
1 TL Thymian, gerebelt
Kräutermeersalz
schwarzer Pfeffer aus der Mühle

Für die Thymianbutter Mandelstifte in einer Pfanne trocken rösten, bis sie leicht Farbe annehmen und zu duften beginnen.

Für die Nockerln aus den Zutaten einen geschmeidigen Teig anrühren und 20 Minuten rasten lassen. Mit einem Teelöffel kleine Nockerln in reichlich kochendes Salzwasser abzupfen und bei mittlerer Hitze 6–8 Minuten schwach kochen lassen.

Inzwischen in einer Pfanne Butter schmelzen und geröstete Mandelstifte und Thymian einrühren.

Nockerln in Thymianbutter schwenken und mit Kräutermeersalz und frisch gemahlenem Pfeffer bestreut servieren.

Dinkelnudeln mit Grünkern-Wurzelragout

(vegan)

350 g Dinkel-Spiralnudeln

Für das Grünkern-Wurzelragout
70 g Grünkernschrot
500 ml Gemüsebrühe (S. 12)
1 Karotte
1 Stück Knollensellerie
1 Petersilienwurzel
1 Zwiebel
2 Knoblauchzehen
500 g frische Tomaten
3 EL Rapsöl
100 ml Rotwein
Salz
schwarzer Pfeffer
2 EL Tomatenmark

Den Grünkernschrot in einem Topf trocken rösten, bis er eine dunkle Farbe hat und zu duften beginnt. Mit der Hälfte der Gemüsebrühe ablöschen und vom Herd nehmen. Zugedeckt quellen lassen.

Wurzelgemüse waschen, Zwiebel und Knoblauch schälen. Wurzeln mit einer Gemüsereibe fein raspeln, Zwiebel und Knoblauch so klein wie möglich hacken.

Die Tomaten auf der Unterseite kreuzweise einschneiden und 20 Sekunden in siedend heißes Wasser legen. Abschälen, den Stielansatz entfernen und in kleine Würfel schneiden.

Das fein gehackte Gemüse in Öl anbraten. Den gequollenen Grünkernschrot dazugeben und auf mittlerer Flamme kurz dünsten. Mit Rotwein ablöschen, und sobald die Flüssigkeit verdampft ist, Tomatenwürfel und restliche Gemüsebrühe dazugeben. Mit Salz und Pfeffer würzen.

Auf kleiner Flamme 45–50 Minuten schmoren lassen. Immer wieder umrühren und bei Bedarf etwas Gemüsebrühe nachgießen. Zum Schluss das Tomatenmark unterrühren.

Dinkelnudeln in reichlich Salzwasser bissfest kochen. Abseihen und mit dem Ragout servieren.

Soja- und Weizenfleischgerichte

	Was versteht man unter Weizenfleisch?	102
	Weizenfleisch-Grundrezept	103
	Gebackenes Weizenschnitzel	104
	Champignonrahmschnitzel	106
	Pikantes Reisfleisch	107
vegan	Erdäpfelgulasch mit Sojawurst	108
	Tofu-Cordon-bleu	111
	Weizenfilet im Knödelmantel	112
	Paprikarahmgeschnetzeltes	115
vegan	Zwiebelrostbraten	116
vegan	Knuspriges Kümmelbratl	118
	Faschierte Laibchen	119
	Wurzelfleisch mit warmer Krensauce	121
	Soja-Medaillons in Pfefferrahmsauce	122
	Weizenfleisch-Kürbis-Spieße mit Apfel-Senf-Sauce	125

Soja- und Weizenfleischgerichte

Was versteht man unter Weizenfleisch?

Weizenfleisch ist ein Produkt aus Weizengluten und wird in der vegetarischen Küche genauso wie Tofu und andere Produkte als alternativer Eiweißlieferant verwendet.

Fertiges Weizenfleisch (auch Seitan genannt) kann man im Glas oder vakuumverpackt im gut sortierten Reform- bzw. Naturkosthandel kaufen. Man kann es aber auch auf zwei verschiedene Arten selbst herstellen:

Die etwas zeitaufwendigere Herstellung ist das Auswaschen eines Teiges aus Weizenmehl und Wasser, bis das Weizeneiweiß – das Gluten – übrigbleibt.

Bei der zweiten, einfacheren Methode wird reines Glutenmehl (Klebereiweiß) verwendet, das mit Wasser angerührt wird.

Bei beiden Methoden wird der anschließende Weizenglutenteig in einer kräftigen Marinade gekocht.

Selbstgemachtes Weizenfleisch ist grobporiger und hat eine weichere Faser als das Fertigprodukt.

Weizenfleisch-Grundrezept

250 g Glutenmehl
300 ml Wasser
2 EL Sonnenblumenöl

Für die Marinade
1 l Wasser
125 ml Sojasauce
1 Bio-Gemüsebrühwürfel
1 Zwiebel, geviertelt
2 Knoblauchzehen
1 Karotte, in dicken Scheiben
1 Stück Knollensellerie
2 Lorbeerblätter
5 schwarze Pfefferkörner

Glutenmehl mit Wasser und Öl zu einem glatten Teig kneten. Entweder den ganzen Teig in 1 cm dicke Scheiben schneiden oder teilweise in größere Stücke. Es kommt darauf an, für welches Gericht man das Weizenfleisch verwenden möchte.

Für die Marinade Wasser mit allen Zutaten aufkochen lassen, Glutenteigstücke einlegen und mindestens eine Stunde in der Marinade kochen lassen. Das Weizenfleisch soll schön großporig aufgehen.

Auskühlen lassen und in der Marinade bis zur Verwendung im Kühlschrank aufbewahren.

Aus 250 g Glutenmehl erhält man ungefähr 500 g Weizenfleisch.

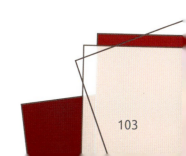

Soja- und Weizenfleischgerichte

Gebackenes Weizenschnitzel

4 Weizenschnitzel (S. 103)
2 Eier
Salz
Pfeffer
2 Knoblauchzehen
60 g Mehl
80 g Semmelbrösel
Sonnenblumenöl zum Frittieren
1 Zitrone

Eier mit Salz und Pfeffer verquirlen.

Weizenschnitzel mit zerdrücktem Knoblauch einreiben. In Mehl wenden, durch das Ei ziehen und in den Semmelbröseln wälzen. In heißem Öl schwimmend ausbacken. Auf Küchenpapier abtropfen lassen.

Die gebackenen Schnitzel mit einer Zitronenscheibe garnieren.

Soja- und Weizenfleischgerichte

Champignonrahmschnitzel

80 g getrocknete Sojamedaillons
400 ml Gemüsebrühe (S. 12)
2 Schalotten
400 g Champignons
Salz
Pfeffer
etwas Senf
4 EL Maiskeimöl
20 g Butter
125 ml Gemüsebrühe
200 ml Schlagobers

Sojamedaillons in der Gemüsebrühe über Nacht einweichen. Am nächsten Tag aufkochen lassen, vom Herd nehmen und 10 Minuten quellen lassen.

Schalotten schälen und fein hacken. Champignons putzen und feinblättrig schneiden.

Medaillons gut ausdrücken, mit Salz und Pfeffer würzen und eine Seite dünn mit Senf bestreichen. In heißem Öl beidseitig goldbraun anbraten. Aus der Pfanne nehmen und zur Seite geben.

Butter in die Pfanne geben und Schalotten andünsten. Champignons untermischen und kurz mitdünsten. Mit Gemüsebrühe ablöschen und mit Schlagobers aufgießen. Mit Salz und Pfeffer würzen und die gebratenen Sojamedaillons dazugeben. Aufkochen lassen und bei schwacher Hitze 5 Minuten dünsten.

Pikantes Reisfleisch

100 g Weizenfleisch (S. 103)
2 Zwiebeln
1 Knoblauchzehe
1 grüne Paprikaschote
3 EL Rapsöl
2 EL Paprikapulver, edelsüß
250 g Langkornreis
300 ml Gemüsebrühe (S. 12)
1 Lorbeerblatt
1 EL Tomatenmark
Salz
schwarzer Pfeffer
geriebener Emmentaler zum Bestreuen

Weizenfleisch kleinwürfelig schneiden.

Zwiebeln und Knoblauch schälen und fein hacken. Paprikaschote waschen, entkernen und würfelig schneiden.

Zwiebeln und Paprikawürfel in Öl andünsten. Paprikapulver rasch einrühren. Weizenfleisch und Reis dazugeben und kurz mitrösten.

Mit Gemüsebrühe aufgießen, Lorbeerblatt und Tomatenmark dazugeben und 15–20 Minuten dünsten, bis der Reis weich ist. Lorbeerblatt entfernen, gut durchrühren und mit Salz und Pfeffer würzen.

Reisfleisch mit geriebenem Käse bestreut servieren.

Soja- und Weizenfleischgerichte

 Erdäpfelgulasch mit Sojawurst

4 Soja-Wienerle
800 g mehlig kochende Erdäpfel
2 Zwiebeln
4 EL Sonnenblumenöl
2 EL Paprikapulver, edelsüß
800 ml Gemüsebrühe (S. 12)
1 Knoblauchzehe, gepresst
1 EL Tomatenmark
1 Lorbeerblatt
1 TL Majoran
Salz
schwarzer Pfeffer

Sojawürstchen in feine Scheiben schneiden. Erdäpfel schälen und kleinwürfelig schneiden.

Zwiebeln schälen, fein hacken und in Öl glasig dünsten. Hitze schwächer drehen, Paprikapulver dazugeben und gut durchrühren. Mit 500 ml Gemüsebrühe aufgießen. Leicht aufkochen lassen und Knoblauch, Tomatenmark, Lorbeerblatt und Majoran untermischen.

25 Minuten bei mittlerer Hitze kochen lassen, bis der Saft etwas eingedickt ist.

Erdäpfelwürfel und Sojawurstscheiben dazugeben und mit restlicher Gemüsebrühe aufgießen. Mit Salz und Pfeffer würzen und kochen lassen, bis die Erdäpfel weich sind.

Soja- und Weizenfleischgerichte

Tofu-Cordon-bleu

600 g Tofu
Salz
schwarzer Pfeffer
8 Scheiben pflanzliche Aufschnittwurst
8 Scheiben Edamer
2 Eier
60 g Mehl
80–100 g Semmelbrösel

Sonnenblumenöl zum Frittieren
1 Zitrone

Tofu der Länge nach in 8 dünne Scheiben schneiden. Auf beiden Seiten salzen und pfeffern. Auf die Hälfte der Tofuscheiben jeweils zwei Blatt pflanzliche Wurst und zwei Blatt Käse legen. Mit der zweiten Tofuscheibe bedecken und darauf achten, dass kein Belag über den Rand steht.

Eier in einem tiefen Teller verquirlen. Tofustücke vorsichtig in Mehl wenden, durch das Ei ziehen und in den Semmelbröseln wälzen.

Reichlich Öl erhitzen und die Tofu-Cordon-bleus goldbraun ausbacken. Auf Küchenpapier abtropfen lassen und mit einer Zitronenspalte servieren.

Soja- und Weizenfleischgerichte

Weizenfilet im Knödelmantel

8 größere Weizenfleischstücke
(im Glas)
4 EL Rapsöl zum Anbraten
50 ml Rapsöl
½ TL Kümmel, gemahlen
Salz
1 Knoblauchzehe
200 ml Gemüsebrühe (S. 12)
Kräuterbutter zum Garnieren

Für den Knödelmantel
150 g Knödelbrot
200 ml Milch
1 EL Butter
1 Ei
70 g Mehl
1 EL Petersilie, gehackt
Salz
schwarzer Pfeffer
1 Prise Muskatnuss, frisch gerieben

Für den Knödelmantel Milch mit Butter erwärmen und über das Knödelbrot gießen. Ei, Mehl und gehackte Petersilie untermischen. Mit Salz, Pfeffer und Muskatnuss würzen. Knödelmasse fest durchdrücken und 20 Minuten ziehen lassen.

Backofen auf 190 °C vorheizen.

Weizenfleischstücke in heißem Öl rundherum knusprig anbraten und etwas auskühlen lassen. Knödelmasse in 8 Teile aufteilen und die Weizenfleischstücke damit seitlich umhüllen. Gut andrücken und die Stücke aufrecht in eine Bratenform oder auf ein Backblech stellen.

Rapsöl mit Kümmel, Salz und gepresstem Knoblauch anrühren und dazugeben. Ebenso die Hälfte der Gemüsebrühe angießen.

Auf mittlerer Schiene im Backofen 20 Minuten braten. Nach der Hälfte der Garzeit mit restlicher Gemüsebrühe aufgießen. Knödelmantel zwischendurch immer wieder mit etwas Bratensaft begießen.

Weizenfilets mit Kräuterbutter garnieren und mit Bratenfond servieren.

Soja- und Weizenfleischgerichte

Paprikarahmgeschnetzeltes

80 g Soja-Schnetzel
500 ml Gemüsebrühe zum
Einweichen (S. 12)
1 Zwiebel
3 Paprikaschoten (gelb, rot, grün)
1 EL Paprikapulver, edelsüß
300 ml Gemüsebrühe
200 ml Schlagobers
1 EL Tomatenmark
Salz
Pfeffer

Soja-Schnetzel mit heißer Gemüsebrühe übergießen und 15 Minuten quellen lassen.

Zwiebel schälen und fein hacken. Paprikaschoten waschen, Kerne entfernen und würfelig schneiden.

Zwiebel in Öl glasig dünsten, Paprikawürfel dazugeben und einige Minuten mitdünsten. Paprikapulver einrühren und mit Gemüsebrühe und Schlagobers aufgießen. Aufkochen lassen, Tomatenmark einrühren und mit Salz und Pfeffer würzen.

Soja-Schnetzel gut ausdrücken und zur Sauce geben. Bei schwacher Hitze zugedeckt 15–20 Minuten dünsten.

Soja- und Weizenfleischgerichte

 Zwiebelrostbraten

8 dünne Weizenschnitzel (S. 103)
2 Zwiebeln
8 EL Rapsöl
250 ml Gemüsebrühe (S. 12)
etwas Estragon-Senf
Salz
schwarzer Pfeffer

Zwiebeln schälen, feinblättrig schneiden und in 4 EL Öl goldgelb rösten. Mit Gemüsebrühe aufgießen und bei schwacher Hitze 10 Minuten köcheln lassen.

Weizenfleisch auf einer Seite dünn mit Senf bestreichen und in einer Pfanne im restlichen Öl beidseitig scharf anbraten. Zu den Zwiebeln geben und 8–10 Minuten zusammen dünsten. Mit Salz und Pfeffer würzen.

Zum Zwiebelrostbraten Semmelknödel oder Braterdäpfel als Beilage servieren.

Soja- und Weizenfleischgerichte

🌱vegan Knuspriges Kümmelbratl

400 g Weizenfleisch in Stücken (im Glas erhältlich)
3 EL Rapsöl zum Anbraten
1 Karotte
1 Scheibe Knollensellerie
1 Knoblauchzehe
1 Msp. Kümmel, gemahlen
50 ml Rapsöl
1 Lorbeerblatt
5 schwarze Pfefferkörner
1 TL Kümmel, ganz
200 ml Gemüsebrühe (S. 12)

Weizenfleischstücke auf der Oberseite schachbrettartig einschneiden. In heißem Öl auf der eingeschnittenen Seite scharf anbraten und auf ein Backblech geben.

Backofen auf 200 °C vorheizen. Karotte in 1 cm dicke Scheiben, Sellerie in Streifen schneiden.

Knoblauch mit Kümmelpulver und Pfefferkörnern im Mörser zerstoßen. Rapsöl unterrühren und die Weizenfleischstücke damit bestreichen. Restliches Öl auf das Backblech gießen. Lorbeerblatt, Kümmel und geschnittenes Gemüse dazugeben.

Im Backofen auf mittlerer Schiene 30 Minuten braten. Nach 10 Minuten mit der Hälfte der Gemüsebrühe aufgießen. Nach und nach restliche Brühe angießen.

Fertiges Kümmelbratl mit Bratenfond servieren.

Faschierte Laibchen

250 g Weizenfleisch,
faschiert (S. 103)
oder fertig gekaufte pflanzliche
Faschiermasse
½ Zwiebel
1 EL Rapsöl
1 Semmel vom Vortag
1 Ei
2 EL frische Petersilie, gehackt
1 Prise Kümmel, gemahlen
1 Knoblauchzehe
1 EL Senf
4 EL Semmelbrösel
Sonnenblumenöl zum Ausbacken

Zwiebel fein hacken und in Öl glasig dünsten.

Semmel in etwas Wasser einweichen und ausdrücken.

Weizenfleisch durch den Drehwolf drehen oder fertige Faschiermasse in einer Schüssel zerbröseln. Eingeweichte Semmel in kleine Stücke brechen und dazugeben. Zwiebel, Ei, Petersilie, Kümmel, gepressten Knoblauch, Senf und 2 EL Semmelbrösel untermischen und 10 Minuten durchziehen lassen. Masse gut durchdrücken und daraus 8 Laibchen formen. Falls die Masse zu weich ist, mit Semmelbröseln regulieren.

Die Laibchen in den restlichen Semmelbröseln wälzen.

In einer Pfanne so viel Sonnenblumenöl erhitzen, dass die Laibchen bis zur Hälfte damit bedeckt sind. Knusprig ausbacken und auf Küchenpapier abtropfen lassen.

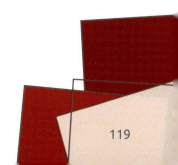

Soja- und Weizenfleischgerichte

Wurzelfleisch mit warmer Krensauce

4 Weizenschnitzel (S. 103)
2 Karotten
2 Petersilienwurzeln
½ Stange Lauch
1 Prise Muskatnuss, frisch gerieben
1 Lorbeerblatt
3 Pfefferkörner
2 Wacholderbeeren
250 ml Gemüsebrühe (S. 12)

Für die Krensauce
2 EL Butter
1 EL Mehl
100 ml Milch
1 Schuss Weißwein
2 EL Kren, frisch gerieben
1 EL Schnittlauchröllchen

Jedes Weizenschnitzel mit einem scharfen Messer halbieren, sodass man zwei dünne Filets erhält.

Gemüse waschen und nach Julienne-Art schneiden.

Feingeschnittenes Gemüse und Gewürze in der Gemüsebrühe 15 Minuten weich kochen. Das Gemüse mit einer Küchenzange herausnehmen und zur Seite geben. Weizenfilets in der Würzbrühe 5 Minuten schwach kochen lassen. Brühe durch ein Sieb seihen und auffangen.

Für die Krensauce Mehl in Butter anschwitzen. Mit einem Schuss Weißwein ablöschen. Mit der Würzbrühe vom Wurzelfleisch aufgießen und 5 Minuten köcheln lassen. Milch dazugießen und weitere 5 Minuten kochen lassen. Vom Herd nehmen und frischen Kren und Schnittlauch unterrühren.

Weizenfilets auf Teller geben, mit dem feingeschnittenen Gemüse garnieren und die Krensauce darüber verteilen.

Soja- und Weizenfleischgerichte

Soja-Medaillons in Pfefferrahmsauce

80 g getrocknete Sojamedaillons
400 ml Gemüsebrühe (S. 12)
Salz
Pfeffer
2 EL Sonnenblumenöl
frische Basilikumblätter

Für die Pfefferrahmsauce
2 EL grüne Pfefferkörner
1 Schalotte
1 EL Butter
1 Schuss Weißwein
200 ml Gemüsebrühe
250 ml Schlagobers
2 EL Sauerrahm
Salz

Fingerfood-Spieße

Medaillons über Nacht in der Brühe einweichen und am nächsten Tag einmal aufkochen lassen, vom Herd nehmen und 10 Minuten quellen lassen. Gut ausdrücken und mit Salz und Pfeffer würzen.

Für die Sauce 1 EL Pfefferkörner im Mörser zerstoßen. Schalotte schälen, fein hacken und in erhitzter Butter glasig dünsten. Mit Weißwein ablöschen und die zerstoßenen Pfefferkörner dazugeben. Mit Gemüsebrühe aufgießen und 8–10 Minuten kochen lassen.

Sauce durch ein Sieb in einen Topf abseihen. Ganze Pfefferkörner dazugeben und mit Schlagobers aufgießen. 5 Minuten köcheln lassen, Sauerrahm einrühren und mit Salz würzen.

Öl in einer Pfanne erhitzen und Medaillons beidseitig goldbraun anbraten. Jeweils 4–5 Stück abwechselnd mit Basilikumblättchen auf Fingerfood-Spieße stecken.

Medaillons mit der Pfefferrahmsauce servieren.

Weizenfleisch-Kürbis-Spieße mit Apfel-Senf-Sauce

250 g Weizenfleisch (S. 103)
300 g Hokkaido- oder Butternuss-
kürbis, geputzt
2 rote Zwiebeln
6 EL Sonnenblumenöl
½ TL Knoblauchpulver
1 TL Grillgewürzsalz

8 Holzspieße

Für die Apfel-Senf-Sauce
200 ml naturtrüber Apfelsaft
300 ml Gemüsebrühe
1 Lorbeerblatt
½ TL Senfkörner
1 EL Senf
4 EL Butter
1 EL Mehl

Für die Sauce Apfelsaft mit Gemüsebrühe, Lorbeerblatt und Senfkörnern aufkochen und bei mittlerer Hitze 15 Minuten kochen lassen. Senf und 2 EL kalte Butter einrühren.

In einem separaten Topf 2 EL Butter erwärmen und das Mehl darin anschwitzen. Mit der Brühe aufgießen und einmal aufkochen lassen.

Sauce durch ein feines Sieb seihen.

Grill im Backofen auf 200 °C vorheizen. Sonnenblumenöl mit Knoblauchpulver und Grillgewürzsalz verrühren.

Weizenfleisch und Kürbis in kleine Würfel, Zwiebeln in Schnitze schneiden. Abwechselnd auf die Spieße stecken und mit dem Würzöl bestreichen. Auf ein mit Backpapier belegtes Backblech geben und im Backofen 15 Minuten grillen.

Sterz, Schmarren & Co

Vollkorn-Heidensterz　128

Roggen-Dalken mit Steinpilzen　130

Polentasterz　131

Dinkel-Brennsterz　131

Polenta mit Frühlingszwiebeln und Kichererbsen　133

Erdäpfelschmarren im Spinatbett　134

Käse-Kürbiskern-Schmarren　135

Grießauflauf mit Sauerkirschen　136

Gebackener Apfelschmarren　137

Mohnschmarren mit Beerenröster　138

Schwarzbeer-Tommerl　140

Birnen-Polenta-Tommerl　141

Topfenschmarren mit Hollerröster　143

Palatschinken mit Apfelmus und gebrannten Kürbiskernen　144

Polenta-Porridge　145

Steirer-Müsli　146

Vollkorn-Heidensterz

350 g Buchweizen-Vollkornmehl
1 TL Salz
600 ml Wasser
30 ml Sonnenblumenöl
3 EL Butterschmalz
35 g pflanzliches Trockenwürstchen
2 EL Schnittlauchröllchen

Aus Mehl, Salz und Wasser einen zähflüssigen Teig anrühren. Öl in einer großen Pfanne erhitzen und Teig 1 cm hoch einfließen lassen.

Bei schwacher Hitze von unten stocken lassen. Wenn die Unterseite fest ist, mit einem Pfannenwender umdrehen und die zweite Seite backen. Mit einer Holzgabel oder einem Pfannenwender in kleine Stücke zerreißen. In einer separaten Pfanne warm halten und den restlichen Teig ausbacken.

Butterschmalz erwärmen und über den Sterz gießen. Gut durchrühren und einige Minuten knusprig rösten.

Trockenwürstchen fein würfelig schneiden.

Sterz in Schälchen füllen und mit Schnittlauch und Würstchenwürfeln bestreuen.

Heidensterz passt als Beilage zu klaren und gebundenen Suppen.

Roggen-Dalken mit Steinpilzsauce

300 ml Milch
2 Eidotter
125 g Weizenmehl
125 g Roggenmehl
1 TL Weinstein-Backpulver
2 EL Sauerrahm
Salz
2 Eiklar

Für die Steinpilzsauce
40 g getrocknete Steinpilze
2 EL Olivenöl
1 EL Petersilie, gehackt
ein Schuss trockener Weißwein
200 ml Gemüsebrühe (S. 12)
150 ml Schlagobers
1 Knoblauchzehe
1 TL Zitronensaft
Salz
schwarzer Pfeffer

Sonnenblumenöl zum Ausbacken
gehackte Petersilie zum Garnieren

Für die Sauce getrocknete Steinpilze in 200 ml heißem Wasser 20 Minuten einweichen. Abseihen, kalt abspülen und gut ausdrücken. In Olivenöl andünsten, Petersilie zufügen und mit Weißwein ablöschen. Mit Gemüsebrühe aufgießen und kurz dünsten. Schlagobers zufügen und mit gepresstem Knoblauch, Zitronensaft, Salz und Pfeffer würzen. Sauce einige Minuten sämig dick einkochen lassen.

Für die Dalken Eier trennen. Mehlsorten und Backpulver vermischen. Milch mit Mehlmischung, Eidottern, Sauerrahm und Salz verrühren. Eiklar mit einer Prise Salz zu Schnee schlagen und unterheben.

Boden einer Pfanne reichlich mit Öl ausstreichen und erhitzen. Mit einem Löffel etwas Teig in die Pfanne geben und handtellergroße Fladen ausbacken. Dabei mit einem Pfannenwender öfters wenden.

Mit einem Glas aus den Fladen gleich große Scheiben ausstechen.

Die Roggen-Dalken auf Teller legen, mit Steinpilzsauce garnieren und mit gehackter Petersilie bestreut servieren.

Polentasterz

800 ml Wasser
1 TL Salz
270 g feiner Maisgrieß
80 g Weizengrieß
50 g Butter

Wasser mit Salz erhitzen und Grieß einrühren. Auf schwacher Flamme zugedeckt 15 Minuten quellen lassen, dabei nicht umrühren. Vom Herd nehmen und weitere 10 Minuten ziehen lassen. Mit einer Holzgabel oder einem Pfannenwender auflockern. Erhitzte Butter über den Sterz gießen und durchrühren.

Den Sterz kann man entweder mit Zimtzucker und Apfelkompott oder auch als Beilage zu Gemüsegerichten servieren.

Dinkel-Brennsterz

400 ml Wasser
1 TL Salz
100 g Butter
300 g feines Dinkelmehl
1 TL Chilipulver
2 EL Schnittlauchröllchen

Wasser mit Salz erhitzen. 50 g Butter in einer breiten Pfanne schmelzen. Bei schwacher Hitze Dinkelmehl darin goldgelb rösten. Hitze höher drehen und nach und nach mit heißem Salzwasser aufgießen. Dabei mit einer Holzgabel stampfen, sodass sich kleine Krümel bilden. Bei schwacher Hitze 10 Minuten ziehen lassen.

Restliche Butter schmelzen und das Chilipulver einrühren. Über den Sterz gießen und gut durchrühren. Bei kleinster Hitze 10–15 Minuten zugedeckt rösten, bis die Sterzkrümel rundum knusprig sind.

Dinkelsterz in Schälchen füllen und mit Schnittlauch bestreuen.

Der Sterz kann als Beilage zu Suppen oder Gemüsegerichten serviert werden.

Käse-Kürbiskern-Schmarren

20 g Kürbiskerne
4 Eidotter
200 ml Milch
150 g Mehl
4 EL Sauerrahm
100 g Emmentaler, gerieben
1 Prise Muskatnuss
Salz
schwarzer Pfeffer
4 Eiklar
2 EL Butter

Schnittlauchröllchen zum Bestreuen

Kürbiskerne in einer Pfanne trocken rösten. Auskühlen lassen und in der Nussmühle fein mahlen.

Eiotter mit Milch, Mehl, Sauerrahm, Käse und Kürbiskernen verrühren. Mit Salz, Pfeffer und Muskatnuss würzen. Eiklar mit einer Prise Salz steif schlagen und unterheben.

1 EL Butter in einer Pfanne erwärmen. Die halbe Schmarrenmasse einfüllen und bei mittlerer Hitze auf der Unterseite bräunen. Wenn die Masse gestockt ist, mit einem Pfannenwender umdrehen und die zweite Seite goldbraun backen. Mit zwei Gabeln oder Pfannenwendern in kleine Stücke reißen und im Backofen warm halten. Restlichen Teig in gleicher Weise backen. Vor dem Servieren mit Schnittlauch bestreuen.

Der Schmarren kann als Beilage zu Gemüsegerichten oder als Hauptgericht mit frischem Salat serviert werden.

Grießauflauf mit Sauerkirschen

500 ml Milch
50 g Zucker
Salz
100 g Dinkelgrieß
3 Eidotter
20 g weiche Butter
250 g Topfen
1 TL Zitronenschale, gerieben
30 g getrocknete Sauerkirschen
3 Eiklar

Butter für die Form

Milch mit Zucker und einer Prise Salz aufkochen lassen. Grieß mit einem Schneebesen einrühren, einmal aufkochen lassen und zur Seite stellen.

Eier trennen und Eiklar mit einer Prise Salz zu steifem Schnee schlagen.

Backofen auf 190 °C vorheizen.

Eidotter mit Butter schaumig rühren und in die warme Grießmasse einrühren. Topfen, Zitronenschale und Sauerkirschen untermischen. Zum Schluss den steifen Schnee löffelweise unterheben.

Eine flache Auflaufform mit Butter ausstreichen und die Masse einfüllen. Auf mittlerer Schiene 35 Minuten backen.

Zum warmen Grießauflauf kann Kompott oder Fruchtmus serviert werden.

Gebackener Apfelschmarren

3 Äpfel
1 EL Zitronensaft
1 Päckchen Bourbon-Vanillezucker
250 g Mehl
4 Eidotter
40 g Zucker
1 TL Zitronenschale, gerieben
350 ml Milch
30 g Rosinen
4 Eiklar
Salz

2 EL Butter für die Form
2 EL Zucker und
½ TL Zimtpulver zum Bestreuen

Äpfel schälen, Kerngehäuse entfernen und in feine Spalten schneiden.

In eine Schüssel geben und mit Zitronensaft und Vanillezucker vermischen.

Backofen auf 180 °C vorheizen.

Mehl mit Eidottern, Zucker, Zitronenschale und Milch zu einem flüssigen Teig verrühren. Rosinen untermischen. Eiklar mit einer Prise Salz zu steifem Schnee schlagen und löffelweise unter die Masse heben.

Eine feuerfeste Form gut mit Butter ausstreichen und die Masse einfüllen. Mit Apfelspalten und Butterflöckchen belegen und 25–30 Minuten backen. Zucker mit Zimtpulver vermischen.

Fertigen Schmarren mit zwei Gabeln oder Pfannenwendern in kleine Stücke reißen. Mit Zimtzucker bestreut servieren.

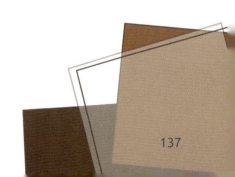

Mohnschmarren mit Beerenröster

4 Eidotter
60 g Zucker
50 g gemahlener Mohn
3 EL Sauerrahm
150 g Mehl
200 ml Milch
4 Eiklar
Salz
30 g Butter
Staubzucker zum Bestreuen

Für den Beerenröster
300 g gemischte Beeren
(Himbeeren, Brombeeren,
Schwarzbeeren, Johannisbeeren)
100 ml Wasser
50 g Staubzucker
1 TL Zimtpulver
1 EL Maisstärke

Für den Röster Beeren mit Wasser und Zucker aufkochen lassen. Zimt einrühren und bei schwacher Hitze 5–8 Minuten köcheln lassen. Maisstärke mit 2 EL Wasser glatt rühren und die Beerensauce damit binden. Kurz aufkochen lassen und zur Seite stellen.

Für den Schmarren Eier trennen. Eidotter mit Zucker schaumig schlagen. Mohn und Sauerrahm untermengen und abwechselnd Mehl und Milch in die Masse rühren. Eiklar mit Salz zu steifem Schnee schlagen und löffelweise unterheben.

Ein Drittel der Butter in einer großen Pfanne erhitzen. Masse mit einem Schöpflöffel ca. 1 cm hoch einfüllen. Bei mittlerer Hitze backen, bis die Unterseite leicht gebräunt ist. Mit einem Pfannenwender umdrehen und die zweite Seite goldbraun backen. Mit zwei Gabeln oder Pfannenwendern in kleine Stücke reißen und im Backofen warmhalten. Restlichen Teig in gleicher Weise backen.

Mohnschmarren mit Staubzucker bestreuen und mit Beerenröster servieren.

Schwarzbeer-Tommerl

300 ml Milch
150 g Mehl
Salz
2 EL Zucker
2 Eier
100 g Schwarzbeeren
50 g Butter
Staubzucker zum Bestreuen

Milch mit Mehl, Salz, Zucker und Eiern glatt verrühren. Schwarzbeeren waschen, gut abtropfen lassen und untermischen.

Backofen und Backblech auf 180 °C vorheizen.

Butter in einer Pfanne schmelzen und auf das heiße Backblech gießen. Tommerlteig etwa 1 cm hoch darauf verteilen und 20–25 Minuten knusprig backen.

Den fertigen Tommerl in Quadrate schneiden, zusammenklappen und mit Staubzucker bestreuen.

Birnen-Polenta-Tommerl

150 g feiner Maisgrieß
50 g Weizengrieß
750 ml Milch
40 g Zucker
1 TL Zitronenschale, gerieben

Für die Birnenspalten
4 Birnen
1 EL Zitronensaft
40 g Butter
1 Päckchen Bourbon-Vanillezucker

1 TL Zimtpulver

1 EL Butter für die Form
Staubzucker und
20 g geriebene Walnüsse zum
Bestreuen

Für die Birnenspalten die Früchte schälen, halbieren und Kerngehäuse entfernen. In feine Spalten schneiden und mit Zitronensaft beträufeln. Die Fruchtspalten in geschmolzener Butter mit Vanillezucker und Zimtpulver weichdünsten.

Backrohr auf 180 °C vorheizen.

Die beiden Grieß-Sorten mischen. Milch mit Zucker und Zitronenschale aufkochen lassen und Grießmischung einrühren. Bei mittlerer Hitze unter Rühren 15 Minuten cremig kochen.

Masse in eine gebutterte Form füllen, mit Birnen belegen und 15 Minuten backen. In Rechtecke schneiden und mit Staubzucker und Walnüssen bestreut servieren.

Topfenschmarren mit Hollerröster

4 Eidotter
250 g Topfen
50 g Zucker
1 Päckchen Bourbon-Vanillezucker
1 TL Zitronenschale, gerieben
200 g Mehl
200 ml Milch
4 Eiklar
Salz
30 g Butter für die Form
Staubzucker zum Bestreuen

Für den Hollerröster
500 g reife Holunderbeeren
1 Apfel
1 Birne
250 ml Wasser
50 g Zucker
1 Prise Zimtpulver
1 Prise Nelkenpulver
1 TL Zitronenschale, gerieben
2 EL Maisstärke
2 EL Powidl
2 EL Zitronensaft

Für den Hollerröster Holunderbeeren sorgfältig von den Stielen rebeln. (Es empfiehlt sich, wegen der roten Farbe Küchenhandschuhe zu verwenden.)

Apfel und Birne schälen, Kerngehäuse entfernen und vierteln. Wasser mit Zucker in einem großen Topf aufkochen lassen und Holunderbeeren, Obst und Gewürze dazugeben. 30 Minuten bei schwacher Hitze köcheln lassen. Maisstärke in wenig Wasser auflösen und unterrühren. Powidl untermischen und unter ständigem Rühren weitere 10–15 Minuten kochen lassen. Zum Schluss den Zitronensaft unterrühren.

Für den Schmarren Eier trennen. Eidotter mit Topfen, Zucker, Vanillezucker und Zitronenschale schaumig rühren. Mehl und Milch abwechselnd einrühren. Eiklar mit einer Prise Salz zu steifem Schnee schlagen und löffelweise unterheben.

Ein Drittel der Butter in einer Pfanne erwärmen. Schmarrenmasse 1 cm hoch einfüllen und bei schwacher Hitze beidseitig goldbraun ausbacken. Aus der Pfanne nehmen und warmhalten. Restlichen Teig in gleicher Weise backen.

Schmarren mit einem Pfannenwender in Stücke zerteilen, mit Staubzucker bestreuen und mit Hollerröster servieren.

Palatschinken mit Apfelmus und gebrannten Kürbiskernen

250 ml Milch
2 Eier
Salz
100 g Weizenmehl
Sonnenblumenöl zum Braten

Für das Apfelmus
500 g Äpfel
125 ml Wasser
40 g Zucker
1 münzgroßes Stück Zitronenschale
1 Zimtrinde
3 Gewürznelken
1 EL Zitronensaft

Für die gebrannten Kürbiskerne
30 g Kürbiskerne
2 EL Wasser
30 g Zucker
1 Prise Zimtpulver

Schlagobers zum Garnieren

Für das Apfelmus die Früchte schälen, halbieren, Kerngehäuse entfernen und in kleine Würfel schneiden. Mit Wasser, Zucker, Zitronenschale und Gewürzen aufkochen lassen und auf schwacher Flamme 10 Minuten weichdünsten. Gewürze entfernen, Zitronensaft unterrühren und mit dem Pürierstab oder Mixer cremig pürieren. In eine Schüssel füllen und zugedeckt warm halten.

Für die gebrannten Kürbiskerne die Kerne in einer Pfanne trocken rösten, bis sie leicht aufspringen. Wasser dazugeben und rasch Zucker und Zimtpulver unterrühren. Bei schwacher Hitze ständig rühren, bis der Zucker eine goldbraune Farbe hat und die Kürbiskerne vom Zucker vollständig umschlossen sind. Gebrannte Kürbiskerne auf einen Teller geben und auskühlen lassen.

Für die Palatschinken Milch mit Eiern, Salz und Mehl zu einem glatten Teig verrühren und 10 Minuten stehen lassen.

Etwas Öl in der Pfanne erhitzen und den Teig dünn einfließen lassen. Pfanne schräg halten, damit der Teig über dem Pfannenboden verläuft. Palatschinken beidseitig goldgelb ausbacken, dabei mit einem Pfannenwender wenden. Restliche Palatschinken ausbacken, jedes Mal die Pfanne etwas einölen (ergibt 8 Stück).

Die Palatschinken auf einem Teller stapeln und warm halten.

Auf jede Palatschinke etwas Apfelmus geben und zweimal zusammenklappen. Mit geschlagenem Schlagobers und gebrannten Kürbiskernen garnieren.

Polenta-Porridge

1 großer Apfel
80 g Dörrzwetschken, entkernt
20 g Walnüsse
2 EL Sonnenblumenöl
140 g schnellkochende Polenta
500 ml Wasser
600 ml Milch
Salz
1 TL Zimtpulver
2 EL Waldblütenhonig

4 EL Joghurt
Honig zum Garnieren

Apfel schälen, Kerngehäuse entfernen und kleinwürfelig schneiden. Dörrzwetschken klein schneiden und Walnüsse hacken.

Apfelstücke in erhitztem Öl einige Minuten andünsten. Polenta dazugeben und unter Rühren kurz mitrösten. Mit Wasser und Milch aufgießen. Dörrzwetschken, Walnüsse, Salz, Zimtpulver und Honig untermischen. Unter Rühren aufkochen und bei schwacher Hitze 10 Minuten köcheln lassen.

Porridge mit einem Löffel Joghurt und Honig servieren.

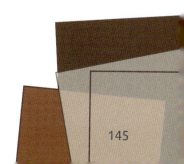

Steirer-Müsli

20 g Kürbiskerne
20 g Sonnenblumenkerne
300 g feine Bio-Vollkorn-Haferflocken
100 g Bio-Dinkelflocken
50 g Maisflocken
50 g getrocknete Preiselbeeren
20 g Walnüsse, gehackt
20 g Haselnüsse, gehackt
20 g getrocknete Aroniabeeren (Apfelbeeren)

Kürbis- und Sonnenblumenkerne getrennt in einer Pfanne trocken rösten. Auskühlen lassen und mit den restlichen Zutaten vermischen.

Müslimischung in einem gut verschließbaren Behälter aufbewahren. Die Menge ergibt 5–6 Portionen Basismischung.

Das Müsli kann frisch mit Milch, Joghurt, Mandel-, Soja- oder Hafermilch angerührt werden.

TIPP
100 g Müslimischung mit 200 ml frischer Milch aufgießen und gut verschlossen über Nacht im Kühlschrank quellen lassen. Am nächsten Tag mit einem halben Becher Joghurt, einem halben fein geschnittenen Apfel und etwas frischem Obst der Saison (z. B. Erdbeeren, Kirschen, Pfirsiche) vermischen. Nach Belieben 1 TL Honig unterrühren.

Zwischendurch und zur Jause

Styrian-Burger 150

Eierschwammerl-Tarte 152

Polentalaibchen 153

Kernölaufstrich 153

Kürbis frites mit Knoblauch-Dip 155

Knödel-Omelette mit Kernöl 156

Käferbohnenaufstrich 157

Milder Liptauer 158

(vegan) Pflanzliches Verhackertes 161

Schwarzbrottoast mit Steirerkäse 162

Ofenkartoffel mit Kräutertopfen 163

Steirische Brettljause 164

Dinkel-Kürbiskernstangerl 167

Räucherwürstchen im Blätterteig 168

Zwischendurch und zur Jause

Styrian-Burger

1 Zucchini
4 EL Sonnenblumenöl
8 Riesen-Champignons
2 Eier
50 g Mehl
80 Semmelbrösel
Sonnenblumenöl zum Frittieren
125 g Sauerrahm
1 Knoblauchzehe, gepresst
2 EL Kürbiskernöl
4 Kürbiskernweckerl
4 Salatblätter
1 rote Paprikaschote
frische Kresse
Salz
schwarzer Pfeffer

Zucchini waschen, halbieren und der Länge nach in Streifen schneiden. In Öl beidseitig anbraten, aus der Pfanne nehmen und mit Salz und Pfeffer würzen.

Champignons waschen und in etwas dickere Scheiben schneiden. Eier mit Salz und Pfeffer verquirlen. Champignonscheiben zuerst in Mehl wenden, durch das Ei ziehen und in Semmelbröseln wälzen. In heißem Sonnenblumenöl ausbacken und auf Küchenpapier abtropfen lassen.

Sauerrahm mit Knoblauch, Salz , Pfeffer und Kernöl zu einer Sauce verrühren.

Weckerl halbieren und im Backofen auf der obersten Schiene kurz aufbacken.

Paprikaschote halbieren, entkernen und in Streifen schneiden. Untere Weckerlhälfte mit Salatblatt, Zucchinistreifen und Champignonscheiben belegen. Mit Kernölsauce bestreichen, Kresse und Paprikastreifen darauf verteilen und obere Weckerlhälfte aufsetzen.

Zwischendurch und zur Jause

Eierschwammerl-Tarte

180 g Weizenmehl
120 g kalte Butter
1 Ei
1 TL Salz

Für den Belag
2 rote Zwiebeln
1 Knoblauchzehe
1 EL Butter
300 g Eierschwammerln
250 g Sauerrahm
150 ml Schlagobers
3 Eier
100 g Hartkäse, gerieben
5 Kirschtomaten
1 EL Olivenöl
Salz
weißer Pfeffer

Aus den Teigzutaten einen Mürbteig kneten, in Frischhaltefolie wickeln und 30 Minuten im Kühlschrank rasten lassen.

Für den Belag Zwiebeln schälen und in feine Scheiben schneiden, Knoblauch schälen und fein hacken. Eierschwammerln putzen und halbieren. Zwiebeln und Knoblauch in Butter anschwitzen, Eierschwammerln dazugeben und im eigenen Saft 10 Minuten auf kleiner Flamme dünsten. Mit Salz und Pfeffer abschmecken.

Sauerrahm mit Schlagobers, Eiern und Käse verrühren und mit Salz und Pfeffer würzen.

Backofen auf 190 °C vorheizen.

Den gekühlten Teig auf einer bemehlten Arbeitsfläche dünn ausrollen. Eine Tarteform mit Butter ausstreichen und mit dem Teig auslegen. Dabei den Rand etwas überstehen lassen. Mit einer Gabel einige Löcher in den Boden stechen. Den Mürbteig 8–10 Minuten vorbacken.

Gedünstete Eierschwammerln darauf verteilen und die Rahm-Mischung darüber gießen. Mit halbierten Kirschtomaten belegen und mit etwas Olivenöl beträufeln. Weitere 25 Minuten backen.

Polentalaibchen

750 ml Gemüsebrühe (S. 12)
200 g feiner Maisgrieß
20 g Sonnenblumenkerne
30 g Emmentaler, gerieben
1 EL Petersilie, gehackt
½ TL Thymian, gerebelt
1 Prise Muskatnuss, frisch gerieben
schwarzer Pfeffer aus der Mühle
Sonnenblumenöl zum Frittieren

Gemüsebrühe erhitzen und Maisgrieß einrühren. Nach dem Aufkochen bei schwacher Hitze 25 Minuten quellen lassen. Gelegentlich umrühren.

Sonnenblumenkerne in einer trockenen Pfanne goldgelb rösten. Maisgrieß gut durchrühren und Käse, Sonnenblumenkerne, Kräuter und Gewürze untermischen. Aus der Masse mit feuchten Händen Laibchen formen.

Sonnenblumenöl erhitzen und die Polentalaibchen schwimmend ausbacken. Auf Küchenpapier abtropfen lassen.

Kernölaufstrich

250 g Topfen
200 g Frischkäse
1 Knoblauchzehe
4 EL Kürbiskernöl
2 EL frische Kresse

Frischkäse mit Topfen verrühren. Gepressten Knoblauch, Kernöl und Kresse unterrühren.

TIPP
Der Kernölaufstrich eignet sich nicht nur als Brotaufstrich, sondern auch als Dip für Gemüse-Rohkost wie junge Karotten, Selleriestangen mit Blattgrün, Radieschen etc. Dazu Gemüse in Stifte schneiden und mit dem Aufstrich servieren.

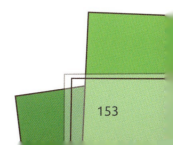

Zwischendurch und zur Jause

Kürbis frites mit Knoblauch-Dip

1 Hokkaido Kürbis
100 g Maisstärke
100 g Mehl
1 Msp. Weinstein-Backpulver
1 TL Salz
1 Msp. Knoblauchpulver
280 ml Wasser, mit Eiswürfeln gekühlt

Sonnenblumenöl zum Frittieren
Kräutermeersalz
Saft einer Zitrone

Für den Knoblauch-Dip
125 g Sauerrahm
125 g Naturjoghurt
2 Knoblauchzehen, gepresst
Kräutermeersalz

Für den Knoblauch-Dip alle Zutaten gut verrühren.

Für die Kürbis frites Kürbis waschen, halbieren und von den Kernen befreien. Mit der Schale in dünne Scheiben und dann in Stifte schneiden.

In einer Schüssel Maisstärke, Mehl, Backpulver, Salz und Knoblauchpulver vermengen. Eiswasser hinzufügen und mit einem Schneebesen zu einem flüssigen Teig verrühren. Teig nicht rasten lassen, sondern sofort verarbeiten.

Kürbisstifte mit einer Küchenzange in den Teig tauchen und in heißem Öl schwimmend ausbacken. Auf Küchenpapier abtropfen lassen.

Vor dem Servieren mit Kräutermeersalz bestreuen und mit Zitronensaft beträufeln.

Zwischendurch und zur Jause

Knödel-Omelette mit Kernöl

1 große Tomate
6 Eier
50 ml Milch
2 EL Schnittlauchröllchen
Salz
schwarzer Pfeffer
4 EL Butter

4 EL Kürbiskernöl zum Bestreichen
Schnittlauchröllchen zum Bestreuen

Für die Semmelknödel
4 Semmeln vom Vortag
150 ml heiße Milch
½ Zwiebel
2 EL Rapsöl
1 Ei
1 EL Petersilie, gehackt
1 Prise Muskatnuss, frisch gerieben
Salz

Für die Semmelknödel die Semmeln würfeln, in eine Schüssel geben und mit heißer Milch übergießen. Gehackte Zwiebel in Öl glasig schwitzen und unter die Semmeln rühren.

Ei und Petersilie untermischen und mit Salz und Muskatnuss würzen. Knödelmischung gut durchkneten und 20 Minuten rasten lassen.

Mit feuchten Händen feste Knödel formen. Reichlich Wasser aufkochen lassen, salzen und die Knödel einlegen. Bei schwacher Hitze halbzugedeckt 20 Minuten sieden. Mit einem Schaumlöffel aus dem Wasser heben und auskühlen lassen.

Tomate waschen, Stielansatz entfernen und kleinwürfelig schneiden.

Eier mit Milch verrühren. Tomatenwürfel und Schnittlauch unterrühren und mit Salz und Pfeffer würzen.

Knödel halbieren und in feine Scheiben schneiden.

Pro Omelette einen Löffel Butter in einer Pfanne erhitzen und eine Portion Knödelscheiben beidseitig knusprig anbraten. Eiermasse eingießen und bei schwacher Hitze stocken lassen. Wenden und zweite Seite goldbraun backen. Nacheinander 4 Omeletten ausbacken.

Auf jedem Omelette einen Löffel Kürbiskernöl verteilen und zusammenklappen. Mit Schnittlauchröllchen bestreuen.

Käferbohnenaufstrich

250 g Käferbohnen (über Nacht eingeweicht)
1 Lorbeerblatt
1 kleine rote Zwiebel
2 EL Rapsöl
30 g Butter
125 ml Gemüsebrühe (S. 12)
1 Knoblauchzehe
2 EL Zitronensaft
1 TL Majoran
4 EL Sauerrahm
Salz
Pfeffer
2 EL Schnittlauchröllchen

Vollkornbaguette
Butter zum Bestreichen

Eingeweichte Käferbohnen abgießen und kalt abspülen. In reichlich frischem Wasser mit dem Lorbeerblatt aufkochen lassen, abschäumen und bei mittlerer Hitze 1,5 Stunden weich kochen.

Kurz vor Ende der Garzeit salzen und das Lorbeerblatt entfernen.

Zwiebel schälen, fein hacken und in erhitztem Öl anrösten. Butter in Würfel schneiden.

Die noch warmen Bohnen mit Gemüsebrühe und Butterwürfeln im Mixer pürieren. Bohnenmasse mit Zwiebel, gepresstem Knoblauch, Zitronensaft, Majoran und Sauerrahm verrühren. Mit Salz und Pfeffer würzen und Schnittlauch untermischen. Den Aufstrich vor dem Servieren eine Stunde durchziehen lassen.

Baguette in Scheiben schneiden und mit etwas Butter und dem Käferbohnenaufstrich bestreichen.

Milder Liptauer

20 g weiche Butter
2 TL Paprikapulver, edelsüß
½ TL Salz
250 g Topfen (20 % Fettgehalt)
3 EL Sauerrahm
1 TL Kümmel, ganz
1 Knoblauchzehe
Vollkornbrotschnitten
schwarzer Pfeffer
2 EL Schnittlauchröllchen

Schnittlauchröllchen
zum Garnieren

Butter mit Paprikapulver und Salz verrühren.

Topfen, Sauerrahm, Kümmel und gepressten Knoblauch untermischen. Zum Schluss den Schnittlauch untermengen und eine Stunde durchziehen lassen.

Brotschnitten halbieren und mit etwas Butter und Liptauer bestreichen, mit Salz und Pfeffer bestreuen und mit Schnittlauch garnieren.

🌱 vegan Pflanzliches Verhackertes

150 g Steirer- oder Räuchertofu
100 g weiches Kokosfett
1 Knoblauchzehe
1 Prise Majoran, getrocknet
schwarzer Pfeffer

frisches Bauernbrot
Zwiebelringe, fein geschnitten
Paprikapulver, edelsüß

Tofu in Würfel schneiden. Abwechselnd mit dem Kokosfett durch den Drehwolf drehen. Die Masse mit gepresstem Knoblauch, Majoran und Pfeffer würzen und gut durchrühren.

Bauernbrot in Scheiben schneiden, mit dem Verhackerten bestreichen und mit Zwiebelringen belegen. Mit etwas Paprikapulver bestreut servieren.

Zwischendurch und zur Jause

Schwarzbrottoast mit Steirerkäse

8 Scheiben Schwarzbrot
(Kastenform)
120 g Steirerkäse
30 g Butter
80 g Vogerlsalat

Für das Dressing
2 EL Walnussöl
2 EL Apfelbalsam
4 EL Wasser
1 Knoblauchzehe, gepresst
Salz

Vogerlsalat gut waschen. Dressing aus den Zutaten anrühren und unter den Vogerlsalat mischen.

Pro Toast ein nussgroßes Stück Butter in einer Pfanne aufschäumen und je zwei Scheiben Schwarzbrot beidseitig knusprig anbraten.

Eine Scheibe Brot mit ca. 30 g Steirerkäse belegen und mit der zweiten Scheibe bedecken.

Bei schwacher Hitze kurz weiterbraten, bis der Steirerkäse etwas zerläuft.

Brot aus der Pfanne nehmen und diagonal durchschneiden.

Die Toastdreiecke mit Vogerlsalat servieren.

Ofenkartoffel mit Kräutertopfen

4 große mehlig kochende Kartoffeln
4 Zweige frischer Thymian
1 EL Butter
Salz
schwarzer Pfeffer

Alufolie

Für den Kräutertopfen
200 g Topfen
100 g Sauerrahm
1 EL Schnittlauchröllchen
1 EL Petersilie, gehackt
1 Prise Majoran
1 Prise Thymian
1 Knoblauchzehe, gepresst
Kräutermeersalz

Kartoffeln waschen und mit der Schale 15 Minuten in Salzwasser vorgaren.

Für den Kräutertopfen den Topfen mit den übrigen Zutaten gut verrühren.

Backofen auf 200 °C vorheizen.

Alufolie in Quadrate schneiden. Mit Butter bestreichen und mit Salz und Pfeffer bestreuen. Je einen Thymianzweig darauf legen. Die vorgegarten Kartoffeln mit einer Gabel einige Male leicht einstechen und mit der Alufolie umwickeln. Auf der obersten Schiene im Backofen etwa 30 Minuten backen.

Kartoffeln aus der Folie wickeln, mit etwas Butter und Kräutertopfen servieren.

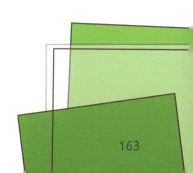

Zwischendurch und zur Jause

Steirische Brettljause

150 g vegetarischer Wurstaufschnitt
150 g Steirertofu (wahlweise Räucher- oder Kürbiskerntofu)
4 pflanzliche Trockenwürstchen
100 g Steirerkäse
50 g Emmentaler, aufgeschnitten
4 Eier, hartgekocht
4 EL Kren, frisch gerieben
einige Essiggurkerl und eingelegte Pfefferoni
frisches Bauernbrot
verschiedene Aufstriche

Tofu und Trockenwürstchen in Scheiben schneiden.

Wurst- und Käsesorten auf einem Holzbrett fächerförmig arrangieren.

Mit aufgeschnittenen Eiern, Essigurkerl, Pfefferoni und Kren garnieren.

Verschiedene Aufstriche wie Liptauer (S. 158) und Verhackertes (S. 161), etwas Butter und frisches Bauernbrot dazu servieren.

Dinkel-Kürbiskernstangerl

200 g Dinkelmehl
1 TL Salz
1 TL Brotgewürz
200 g kalte Butter
200 g Topfen
1 Eidotter
20 g Kürbiskerne, gehackt

Mehl, Salz und Brotgewürz in eine Schüssel geben. Mit kleinwürfelig geschnittener Butter und Topfen zu einem glatten Teig verkneten. In Frischhaltefolie wickeln und 30 Minuten kalt stellen.

Backblech mit Backpapier auslegen und Backofen auf 180 °C vorheizen. Eidotter mit einer Prise Salz verquirlen.

Arbeitsfläche gut bemehlen und Teig halbieren. Eine Hälfte wieder kalt stellen. Teighälfte dünn ausrollen, mit verquirltem Ei bestreichen und mit Kürbiskernen bestreuen. Mit dem Teigrad in 2 cm breite und 12 cm lange Streifen radeln. Zweimal spiralförmig eindrehen, auf das Backblech legen und 15–20 Minuten goldgelb backen. Zweite Teighälfte genauso verarbeiten.

Die Stangerl schmecken zwischendurch als Knabbergebäck oder auch als Beilage zu Suppen und Vorspeisen.

Ergibt ungefähr 40 Stück.

Zwischendurch und zur Jause

Räucherwürstchen im Blätterteig

8 Mini-Räucher-Sojawürstchen
275 g Fertig-Blätterteig
1 EL Kümmel, ganz
1 Ei
Senf
frischer Kren

Backofen auf 190 °C vorheizen.

Sojawürstchen an den Enden kreuzweise einschneiden.

Blätterteig aufrollen und in 2 cm breite Streifen schneiden. Jedes Würstchen mit einem Teigstreifen überlappend umwickeln. Die eingeschnittenen Enden sollen dabei frei bleiben. Mit verquirltem Ei bestreichen und mit Kümmel bestreuen.

Auf ein mit Backpapier ausgelegtes Backblech legen und 20 Minuten goldgelb backen.

Mit Senf und frisch geriebenem Kren servieren.

TIPP
Als Variante kann man den Blätterteig auch in 8 gleich große Quadrate schneiden. In die Mitte etwas Frischkäse geben, Würstchen darauf legen und den Teig von einer Ecke aufrollen.

Ein praktisches Rezept für Partys und Buffets oder wenn es einmal schnell gehen soll.

Kuchen und Desserts

Nougat-Kürbiskern-Parfait auf Hollerspiegel — 172

Steirertaler — 175

Topfen-Nuss-Nockerln mit Dörrzwetschkenmus — 176

Kastaniencremeschnitten — 177

vegan Pfirsich-Holundergelee — 178

Geeiste Rote-Trauben-Suppe mit Zimtobers — 181

Kürbiskern-Schnecken — 182

Kürbiskern-Cupcakes mit Preiselbeer-Topping — 185

Maiskuchen mit Früchten — 186

Apfel-Walnuss-Gugelhupf — 188

Weintraubenstrudel — 189

Schoko-Kürbiskernkuchen — 191

Nuss-Preiselbeer-Schokolade — 192

Gestürzte Topfencreme auf Erdbeerspiegel — 195

Apfelringe im Kürbiskernmantel — 196

vegan Mousse au café — 197

Kuchen und Desserts

Nougat-Kürbiskern-Parfait auf Hollerspiegel

40 g Kürbiskerne
250 ml Schlagobers
125 ml Milch
200 g Nougat-Rohmasse
3 Eidotter
40 g Staubzucker
1 TL Honig

Für den Hollerspiegel
150 ml Holundersaft
40 g Zucker
1 EL Maisstärke
2 EL Wasser

Kürbiskerne im Blitzhacker fein hacken und 2 EL für die Garnitur zur Seite geben.

Schlagobers steif schlagen und in den Kühlschrank stellen. Milch erhitzen und kleingeschnittenen Nougat unter Rühren auflösen.

Eidotter mit Staubzucker in einer Schüssel über heißem Wasserbad schaumig schlagen. Nougatmilch dazugeben und weitere 5 Minuten über warmem Wasserdampf schlagen. Danach im Eiswasserbad (kaltes Wasser mit Eiswürfel) so lange schlagen, bis die Masse etwas ausgekühlt ist.

Gehackte Kürbiskerne untermischen und 30 Minuten in den Kühlschrank geben. Schlagobers unter die gekühlte Masse heben.

Eine Parfait- oder Kastenform mit Klarsichtfolie auslegen und die Masse einfüllen. Mit Frischhaltefolie bedecken und mindestens 6 Stunden in das Gefrierfach stellen.

Die restlichen gehackten Kürbiskerne für die Garnitur in einer Pfanne trocken rösten. Honig unterrühren und vom Herd nehmen. Auskühlen lassen und leicht zerstoßen.

Für den Hollerspiegel Holundersaft mit Zucker erhitzen. Maisstärke in Wasser auflösen und einrühren. Auf kleiner Flamme kurz köcheln lassen und kalt stellen. Vor dem Servieren gut durchrühren.

Nougat-Kürbiskern-Parfait in Scheiben schneiden und auf dem Hollerspiegel anrichten. Mit den gerösteten Kürbiskernen garnieren.

Kuchen und Desserts

Steirertaler

30 g Orangeat
20 g getrocknete Preisbeeren
50 ml Schlagobers
30 g Butter
50 g Vollrohrzucker
2 EL Akazienhonig
50 g Mandelblättchen
50 g Kürbiskerne, grob gehackt
50 g Mehl

100 g weiße Kuvertüre

Orangeat und Preiselbeeren etwas zerkleinern. Backofen auf 190 °C vorheizen.

Schlagobers in einer Pfanne erhitzen und Butter darin schmelzen. Zucker und Honig einrühren und vom Herd nehmen. Orangeat, Preiselbeeren, Mandelblättchen und Kürbiskerne einrühren. Zum Schluss das Mehl untermischen.

Mit einem nassen Löffel kleine Häufchen auf ein mit Backpapier ausgelegtes Blech geben und mit einem Teigspatel flachdrücken. Ungefähr 10–15 Minuten backen.

Kuvertüre in kleine Stücke schneiden und im Wasserbad schmelzen.

Die ausgekühlten Taler mit einem Messer vorsichtig vom Blech heben. Die Unterseite mit der geschmolzenen Schokolade bestreichen und mit der Schokoladenseite nach oben auf ein Kuchengitter zum Trocknen legen.

Die Masse ergibt ungefähr 15 Stück.

Kuchen und Desserts

Topfen-Nuss-Nockerln mit Dörrzwetschkenmus

30 g weiche Butter
1 Ei
30 g Weizengrieß
30 g Mehl
Salz
30 g Walnüsse, gerieben
250 g Topfen (20 % Fettgehalt)

Für die Butterbrösel
100 g Butter
50 g Semmelbrösel
1 Prise Zimtpulver

Für das Dörrzwetschkenmus
200 g Dörrzwetschken, entkernt
1 Apfel
330 ml Zwetschkensaft, ungesüßt
1 Zimtstange

Für das Mus Dörrzwetschken im Zwetschkensaft 3 Stunden einweichen. Apfel schälen, Kerngehäuse entfernen und vierteln. Eingeweichte Dörrzwetschken im Saft mit Zimtstange und Apfel aufkochen und bei schwacher Hitze 10–15 Minuten köcheln lassen. Zimtstange entfernen und die Zwetschken mit dem Pürierstab cremig pürieren.

Für die Nockerln weiche Butter mit Ei verrühren. Grieß, Mehl, Salz und Walnüsse einrühren, zum Schluss den Topfen untermischen. Die Masse 30 Minuten durchziehen lassen.

Für die Butterbrösel Semmelbrösel in zerlassener Butter goldgelb anrösten und Zimtpulver untermischen.

Reichlich Salzwasser zum Sieden bringen. Aus der Topfenmasse mit Hilfe von zwei Löffeln Nockerln formen und nach und nach ins kochende Wasser gleiten lassen. 10–15 Minuten bei schwacher Hitze sieden lassen. Aus dem Wasser nehmen, gut abtropfen lassen und in den Zimtbröseln wälzen. Mit einem Löffel Dörrzwetschkenmus servieren.

TIPP
Das erkaltete Mus eignet sich auch als Brotaufstrich oder als Fülle für Palatschinken.

Kastaniencremeschnitten

250 g cremiger Mascarpone
300 g Kastanienpüree
2 EL Rum
40 Biskotten
3 EL Ahornsirup
100 ml Milch

Schlagobers zum Garnieren

Mascarpone in eine Schüssel geben. 250 g vom Kastanienpüree durch ein Reibeisen drücken und untermischen. Mit 1 EL Rum und Ahornsirup zu einer glatten Creme verrühren.

Milch mit restlichem Rum mischen. Hälfte der Biskotten einzeln in die Milch tauchen und den Boden einer Auflaufform auslegen. Mit der Hälfte der Kastanienmasse bestreichen und eine weitere Lage getunkte Biskotten darüber verteilen. Restliche Kastanienmasse darauf verstreichen.

Rest vom Kastanienpüree mit dem Reibeisen fein über die Oberfläche reiben. Mindestens 4 Stunden kalt stellen.

Vor dem Servieren in Portionen teilen und mit Schlagobers garnieren.

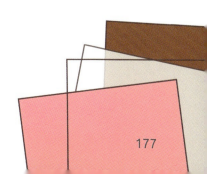

Kuchen und Desserts

 Pfirsich-Holundergelee

500 g Pfirsiche
350 ml Wasser
150 ml Holundersirup
1 EL Zitronensaft
1 EL Agar-Agar-Pulver

Ribiseln
oder frische Minzeblätter
Holundersirup zum Garnieren

Pfirsiche mit siedendem Wasser überbrühen und die Schale abziehen. Vom Kern lösen und in kleine Würfel schneiden. Wasser mit Holundersirup, Zitronensaft und Pfirsichen zum Kochen bringen und bei schwacher Hitze 5–10 Minuten kochen. Agar-Agar-Pulver in etwas kaltem Wasser anrühren und unter die Pfirsiche mischen. Einmal kurz aufkochen lassen.

Glasschälchen oder Puddingförmchen kalt ausspülen, die Masse einfüllen und 2 bis 3 Stunden kalt stellen.

Auf Teller stürzen, mit Holundersirup beträufeln und mit Ribiseln oder einem Minzeblatt garnieren.

Geeiste Rote-Trauben-Suppe mit Zimtobers

500 g reife Isabella-Trauben
250 ml Wasser
30 g Zucker
1 Zimtstange
1 münzgroßes Stück
Zitronenschale
1 EL Zitronensaft

Für das Zimtobers
150 ml Schlagobers
1 EL Zucker
½ TL Zimtpulver
frische Zitronenmelisse

Trauben waschen und entstielen. Wasser mit Zucker, Zimtstange und Zitronenschale aufkochen lassen. Trauben dazugeben und bei mittlerer Hitze 15 Minuten kochen lassen. Zimtstange und Zitronenschale entfernen.

Trauben samt Saft durch ein Passiersieb drücken, sodass die Kerne und Schalen entfernt werden. Zitronensaft unterrühren und mindestens 4 Stunden kalt stellen.

Schlagobers mit Zucker und Zimtpulver steif schlagen.

Kalte Traubensuppe in Suppentellern oder -tassen anrichten, in die Mitte einen Löffel Zimtobers geben und mit einem Blatt Zitronenmelisse garniert servieren.

Kuchen und Desserts

Kürbiskern-Schnecken

250 g Mehl
7 g Trockengerm
Salz
50 g weiche Butter
50 g Zucker
1 Ei
100 ml warme Milch

Für die Fülle
30 g Rosinen
2 EL Rum
80 g Kürbiskerne
50 g Walnüsse
125 ml Milch
4 EL Waldblütenhonig
1 Prise Zimtpulver
1 TL Zitronenschale, gerieben
3 EL Semmelbrösel

Zum Bestreichen
1 Ei
50 g Staubzucker
Saft einer halben Zitrone

Für den Teig Mehl mit Trockengerm und Salz in eine Schüssel geben. Weiche Butter, Zucker und Ei unterrühren. Nach und nach die Milch zufügen und zu einem weichen Germteig kneten. Mit einem Tuch abdecken und an einem warmen Ort 30 Minuten gehen lassen.

Für die Fülle Rosinen mit Rum beträufeln und ziehen lassen. Kürbiskerne in einer Pfanne trocken rösten, bis sie leicht zu knacken beginnen. Walnüsse und Kürbiskerne in der Nussmühle fein mahlen.

Milch mit Honig, Zimtpulver und Zitronenschale aufkochen lassen und vom Herd nehmen. Nüsse, Kürbiskerne, Rosinen und Semmelbrösel einrühren und auskühlen lassen.

Ein Backblech mit Backpapier auslegen und Backofen auf 180 °C vorheizen.

Teig auf einem bemehlten Baumwolltuch zu einem Rechteck ausrollen. Fülle auf dem Teig verstreichen und den Teig mithilfe des Tuchs zusammenrollen. Teigrolle in ca. 1 cm breite Scheiben schneiden. Mit der Schnittseite nach unten auf das Backblech legen, mit einem Tuch bedecken und nochmals 15 Minuten gehen lassen. Mit verquirltem Ei bestreichen und 15–20 Minuten im Backofen auf mittlerer Schiene backen.

Staubzucker mit Zitronensaft verrühren und die lauwarmen Schnecken damit bestreichen.

Ergibt ungefähr 20 Stück.

Kürbiskern-Cupcakes mit Preiselbeer-Topping

50 g Kürbiskerne
200 g Mehl
2 TL Weinstein-Backpulver
Salz
2 Eier
120 g weiche Butter
100 g Zucker
1 Päckchen Bourbon-Vanillezucker
1 TL Zimtpulver
1 TL Zitronenschale, gerieben
125 ml Milch

Für das Preiselbeer-Topping
50 g weiße Schokolade
150 ml Schlagobers
4 EL Preiselbeermarmelade

Papier- oder Silikonförmchen
Schoko-Kürbiskerne zum Verzieren

Kürbiskerne in einer Pfanne trocken rösten, auskühlen lassen und in der Nussmühle fein mahlen.

Backofen auf 180 °C vorheizen.

Mehl mit Backpulver, Salz und Kürbiskernen vermischen.

Eier mit weicher Butter schaumig rühren. Zucker, Vanillezucker, Zimtpulver und Zitronenschale unterrühren. Abwechselnd Milch und Mehlmischung dazugeben und zu einem cremigen Teig verrühren.

Backförmchen zur Hälfte mit der Masse füllen, auf ein Backblech stellen und 15 Minuten backen.

Für das Preiselbeertopping weiße Schokolade im Wasserbad schmelzen. Schlagobers steif schlagen. Geschmolzene Schokolade unter das Schlagobers rühren und die Preiselbeermarmelade untermischen. Eine Stunde kalt stellen.

Creme in einen Spritzsack füllen und die ausgekühlten Cupcakes damit garnieren. Mit Schoko-Kürbiskernen und etwas Preiselbeermarmelade verzieren.

Kuchen und Desserts

Maiskuchen mit Früchten

150 g Weizenmehl
100 g Maismehl
3 TL Weinstein-Backpulver
4 Eidotter
250 g weiche Butter
180 g Zucker
4 Eiklar
1 Päckchen Bourbon-Vanillezucker
1 TL Zitronenschale, gerieben
50 g getrocknete Preiselbeeren
50 g kandierte Früchte, gewürfelt
100 g Rosinen
Salz

Butter und Maismehl für die Form
2 EL Staubzucker zum Bestreuen

Die beiden Mehlsorten und das Backpulver vermischen.

Backofen auf 175 °C vorheizen.

Eier trennen. Butter mit Eidottern, Zucker, Salz und Zitronenschale schaumig rühren. Mehlmischung unterrühren und die getrockneten Früchte unterziehen.

Eiklar mit Vanillezucker und einer Prise Salz zu steifem Schnee schlagen und löffelweise unter die Masse heben.

Eine Kasten- oder Rehrückenform mit Butter ausstreichen und mit Maismehl ausstreuen. Kuchenmasse einfüllen, glatt streichen und 50–60 Minuten backen.

Auskühlen lassen und aus der Form stürzen. Vor dem Servieren mit Staubzucker bestreuen.

Kuchen und Desserts

Apfel-Walnuss-Gugelhupf

2 große Äpfel
1 EL Zitronensaft
1 EL Rum
250 g Mehl
10 g Weinstein-Backpulver
250 g weiche Butter
5 Eidotter
150 g Staubzucker
1 Päckchen Bourbon-Vanillezucker
1 TL Zitronenschale, gerieben
120 g Walnüsse, fein gerieben
5 Eiklar
Salz

Butter und Mehl für die Form
Staubzucker zum Bestreuen

Äpfel schälen, fein reiben und mit Zitronensaft und Rum beträufeln. Mehl mit Backpulver mischen.

Backofen auf 190 °C vorheizen.

Butter mit Eidottern, Staubzucker, Vanillezucker und Zitronenschale schaumig rühren. Walnüsse und Äpfel untermengen. Mehl mit Backpulver vermischen und unterrühren. Eiklar mit einer Prise Salz zu steifem Schnee schlagen und löffelweise unter die Masse heben.

Eine Gugelhupf-Form mit Butter ausstreichen und mit Mehl ausstreuen. Masse einfüllen und 50 Minuten backen.

Auskühlen lassen und aus der Form stürzen. Vor dem Servieren mit Staubzucker bestreuen.

Weintraubenstrudel

200 g Mehl
70 ml lauwarmes Wasser
1 EL Sonnenblumenöl
1 Ei
Salz

Für die Fülle
500 g grüne Weintrauben
50 g Semmelbrösel
2 EL Butter
1 Prise Zimtpulver
30 g Rosinen
30 g Walnüsse, gehackt
2 EL Zucker

50 g zerlassene Butter zum Bestreichen
Staubzucker zum Bestreuen

Zutaten zu einem weichen, glatten Strudelteig verarbeiten. Zu einer Kugel formen, mit etwas Sonnenblumenöl bestreichen und 30 Minuten an einem warmen Ort rasten lasten.

Für die Fülle Weintrauben waschen, von den Stielen zupfen und der Länge nach halbieren. Semmelbrösel in der erhitzten Butter goldgelb rösten. Zimtpulver unterrühren und auskühlen lassen.

Backofen auf 180 °C vorheizen.

Teig auf einem bemehlten Tuch rechteckig ausrollen. Teig mit den Händen von unten hochheben und von der Mitte aus über die Handrücken ziehen. Vorsichtig papierdünn ausziehen.

Mit der Hälfte der zerlassenen Butter bestreichen. Teig zu zwei Dritteln abwechselnd mit Zimtbröseln, Weintrauben, Rosinen, Walnüssen und Zucker bestreuen. Dickere Teigenden am Rand abschneiden. Teig seitlich einklappen und mit Hilfe des Tuchs zusammenrollen. Auf ein mit Backpapier belegtes Blech legen und mit der restlichen zerlassenen Butter bestreichen.

Strudel 25–30 Minuten backen, auskühlen lassen und mit Staubzucker bestreut servieren.

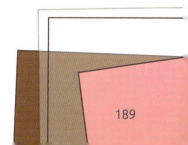

Schoko-Kürbiskernkuchen

60 g Kürbiskerne
250 g Mehl
10 g Weinstein-Backpulver
5 Eidotter
250 g weiche Butter
150 g Staubzucker
1 TL Zitronenschale, gerieben
100 ml Milch
5 Eiklar
Salz
1 Päckchen Bourbon-Vanillezucker
100 g backstabile Schoko-Tröpfchen
100 g Zartbitterkuvertüre
20 g Butter
Butter und Mehl für die Form

Kürbiskerne in einer Pfanne trocken rösten, bis sie leicht zu knacken beginnen. Auskühlen lassen und in der Nussmühle fein mahlen. 1 EL davon zum Garnieren beiseite geben.

Backofen auf 180 °C vorheizen. Eine Kastenform mit Butter ausstreichen und mit Mehl ausstreuen.

Eier trennen. Mehl mit Backpulver und Kürbiskernen vermischen. Eidotter mit Butter, Zucker und Zitronenschale schaumig rühren. Mehlmischung und Milch abwechselnd unterrühren. Eiklar mit einer Prise Salz und Vanillezucker zu steifem Schnee schlagen und löffelweise unter die Masse heben. Zum Schluss die Schoko-Tröpfchen untermischen.

Kuchenmasse in die Form füllen und 1 Stunde backen. Auskühlen lassen und aus der Form stürzen.

Kuvertüre zerkleinern und im heißen Wasserbad schmelzen. Butter dazugeben und gut verrühren.

Kuchen auf der Oberseite mit der Schokolade bestreichen oder gitterförmig verzieren. Mit den restlichen gemahlenen Kürbiskernen bestreuen.

Nuss-Preiselbeer-Schokolade

30 g getrocknete Preiselbeeren
30 g Haselnüsse
400 g Vollmilchkuvertüre

1 g Kornblumenblüten aus dem
Kräuterladen oder der Apotheke
Preiselbeeren zum Verzieren

Preiselbeeren und Haselnüsse klein hacken. Kuvertüre mit einem scharfen Messer zerkleinern. Die Hälfte der zerkleinerten Kuvertüre im Wasserbad erhitzen und unter ständigem Rühren zum Schmelzen bringen.

Rest der Kuvertüre dazugeben und ebenfalls unter Rühren schmelzen. Topf mit geschmolzener Kuvertüre vom Wasserbad nehmen und auf eine kühle Unterfläche oder ein kaltes Wasserbad stellen. Unter ständigem Rühren etwas abkühlen lassen. Danach wieder einige Minuten unter sanftem Rühren im warmen Wasserbad erwärmen. Es sollen sich dabei kleine Luftbläschen bilden. Preiselbeeren und Haselnüsse unterrühren.

Wichtig sind das Erwärmen, Abkühlen und neuerliche Erwärmen der Kuvertüre, damit die Schokoladetafeln nicht zu hart und auch nicht zu weich werden.

In Schokoladeformen aus Silikon (es eignen sich auch Deckel von eckigen Kunststoff-Vorratsdosen) füllen und durch leichtes Rütteln verteilen. Die gefüllten Formen einige Male leicht auf die Arbeitsfläche klopfen, damit die Luftbläschen entweichen und sich die Oberfläche glättet.

Schokoladenoberfläche mit Kornblumenblüten und Preiselbeeren verzieren. Die Formen für 10 Minuten in den Kühlschrank stellen, danach bei Zimmertemperatur fest werden lassen.

Erkaltete Schokolade vorsichtig aus den Formen lösen und in Alufolie oder Zellophan-Papier verpacken. Schokoladetafeln in einem luftdichten Behälter aufbewahren, damit sie nicht anlaufen.

Gestürzte Topfencreme auf Erdbeerspiegel

250 ml Schlagobers
250 g Topfen
30 g Zucker
1 EL Zitronensaft
10 g Päckchen Agar-Agar Gelier Fix

Für den Erdbeerspiegel
500 g Erdbeeren
50 g brauner Zucker
2 EL Honig
1–2 EL Zitronensaft

1 Zweig frische Minze für die Garnitur

Für den Erdbeerspiegel die Früchte waschen und 4 Stück für die Garnitur zur Seite legen. Übrige Beeren mit Zucker, Honig und Zitronensaft fein pürieren.

150 ml Schlagobers steif schlagen. Restliches Schlagobers mit Zucker erhitzen. Agar-Agar-Pulver in 2 EL Wasser auflösen und unterrühren. 2 Minuten kochen lassen und vom Herd nehmen. Topfen, geschlagenes Schlagobers und Zitronensaft unterrühren.

Tassen oder Förmchen kalt ausspülen und die Creme einfüllen. Mit Frischhaltefolie abdecken und 4 Stunden kalt stellen.

Förmchen einige Sekunden in heißes Wasser stellen, mit einem Messer den Rand lockern und stürzen.

Topfencreme mit Fruchtspiegel anrichten und mit einer Erdbeere und einem Minzeblatt garnieren.

Kuchen und Desserts

Apfelringe im Kürbiskernmantel

30 g Kürbiskerne
120 g Dinkelmehl
200 ml Milch
1 Ei
1 TL Zimtpulver
2 EL Vollrohrzucker
2 große Äpfel
2 EL Wildpreiselbeermarmelade

Sonnenblumenöl zum Frittieren

Zum Bestreuen
1 EL Mandelblättchen
Staubzucker
Zimtpulver

Mandelblättchen in einer Pfanne bei schwacher Hitze goldgelb rösten. Kürbiskerne in der Nussmühle fein mahlen.

Aus Mehl, Milch, Ei, Zimtpulver, Zucker und gemahlenen Kürbiskernen einen Backteig anrühren. 10 Minuten rasten lassen.

Äpfel schälen, das Kerngehäuse ausstechen und in 1 cm dicke Scheiben schneiden. Apfelringe einzeln durch den Backteig ziehen und in heißem Öl schwimmend ausbacken. Auf Küchenpapier abtropfen lassen.

In die Mitte der Apfelringe etwas Preiselbeermarmelade füllen. Mit Staubzucker, Zimtpulver und Mandelblättchen bestreuen.

Mousse au café

vegan

400 g Seidentofu (cremiger Tofu)
50 g Vollrohrzucker
4 EL löslicher Bio-Gerstenmalz-kaffee
1 EL Nusslikör (optional)
1 Prise Zimtpulver
20 g Walnüsse
1 EL Ahornsirup

Vom Seidentofu überschüssiges Wasser abtropfen lassen. Tofu mit Vollrohrzucker, Kaffeepulver, Nusslikör und Zimtpulver im Mixer cremig rühren. Die Kaffeecreme in Mokkatassen füllen und eine Stunde kalt stellen.

Walnüsse grob hacken und in einer trockenen Pfanne leicht rösten. Ahornsirup dazugeben und gut durchrühren. Vom Herd nehmen und auskühlen lassen.

Die gerösteten Walnüsse auf der Mousse au café verteilen. Vor dem Servieren mit etwas löslichem Kaffeepulver bestreuen.

Anhang

Menüvorschläge	200
Register	202
Glossar	204

Anhang

Menüvorschläge

	MONTAG	DIENSTAG	MITTWOCH
	Mittag	**Mittag**	**Mittag**
VORSPEISE	Kohlrabi-Carpaccio mit Kürbiskern-Pesto *siehe S. 56*	Kürbiskern-frittatensuppe *siehe S. 20*	Gebundene Gemüsesuppe *siehe S. 31*
HAUPTSPEISE	Zwiebelrostbraten mit Thymian-Erdäpfel-Wedges *siehe S. 116 / S. 76*	Gebackenes Weizenschnitzel mit Vogerlsalat *siehe S. 104*	Selleriescheiben in Kürbiskernpanier mit Apfelkren *siehe S. 71*
NACHSPEISE	Maiskuchen mit Früchten *siehe S. 186*	Weintraubenstrudel *siehe S. 189*	Pfirsich-Holundergelee *siehe S. 178*
	Abend	**Abend**	**Abend**
VORSPEISE	Kürbiscremesuppe *siehe S. 14*	Ziegenkäsebällchen *siehe S. 55*	Steirische Caprese *siehe S. 44*
HAUPTSPEISE	Zucchini-Schafskäse-Röllchen *siehe S. 62*	Palatschinken-Spinat-Lasagne *siehe S. 91*	Weizenfilet im Knödelmantel *siehe S. 112*
NACHSPEISE	Mohnschmarren mit Beerenröster *siehe S. 138*	Gestürzte Topfencreme *siehe S. 195*	Geeiste Rote-Trauben-Suppe *siehe S. 181*

DONNERSTAG	FREITAG	SAMSTAG	SONNTAG
Mittag	**Mittag**	**Mittag**	**Mittag**
Häuptelsalat mit Tofustreifen *siehe S. 36*	Grünkernschnittensuppe *siehe S. 23*	Grünkohl-Bruschetta *siehe S. 59*	Schilcherrahmsuppe mit Crostini *siehe S. 24*
Erdäpfelgulasch mit Sojawurst *siehe S. 108*	Tofu-Cordon-bleu mit Mangoldstängeln *siehe S. 111 / S. 73*	Bunte Mascherlnudeln mit Steirerschimmelkäsesauce *siehe S. 95*	Weizenfleisch-Kürbisspieße mit Apfel-Senf-Sauce *siehe S. 125*
Apfelringe im Kürbiskernmantel *siehe S. 196*	Steirertaler *siehe S. 175*	Kastaniencremeschnitten *siehe S. 177*	Schoko-Kürbiskernkuchen *siehe S. 191*
Abend	**Abend**	**Abend**	**Abend**
Zucchinicremesuppe *siehe S. 30*	Marinierte Rote Rüben mit Oberskren *siehe S. 35*	Klare Gemüsesuppe mit Grießnockerln *siehe S. 28*	Dinkelsalat mit Ziegenkäse *siehe S. 40*
Pikantes Reisfleisch mit Rahmgurken *siehe S. 107 / S. 42*	Faschierte Laibchen mit Erdäpfelpüree *siehe S. 119 / S. 67*	Champignonrahmschnitzel *siehe S. 106*	Rote-Rüben-Taler mit Kümmelrahm *siehe S. 80*
Topfen-Nuss-Nockerln mit Dörrzwetschkenmus *siehe S. 176*	Gebackener Apfelschmarren *siehe S. 137*	Palatschinken mit Apfelmus *siehe S. 144*	Mousse au café *siehe S. 197*

Anhang

Register

Apfelringe im Kürbiskernmantel 196

Apfel-Walnuss-Gugelhupf 188

Birnen-Polenta-Tommerl 141

Bohnen im Omelette-Mantel 76

Bohnen-Nudeltopf 87

Bunte Mascherlnudeln m. Steirerschimmelkäsesauce 95

Champignonrahmschnitzel 106

Chinakohlsalat mit Ribisel-Dressing 42

Dinkel-Brennsterz 131

Dinkel-Kürbiskernstangerl 167

Dinkelnudeln mit Grünkern-Wurzelragout 99

Dinkelsalat mit Ziegenkäse 40

Eierschwammerlgröstl 66

Eierschwammerl-Tarte 152

Erdäpfelgulasch mit Sojawurst 108

Erdäpfelschmarren im Spinatbett 134

Erdäpfelsuppe mit Steirerkäse 19

Faschierte Laibchen 119

Gebackene Kürbisstreifen mit Schnittlauchsauce 72

Gebackene Wildkräuter mit Knoblauch-Dip 46

Gebackene Zucchiniblüten auf Petersilienschaum 51

Gebackener Apfelschmarren 137

Gebackenes Weizenschnitzel 104

Gebackenes Parasolschnitzel 73

Gebundene Gemüsesuppe 31

Geeiste Rote-Trauben-Suppe mit Zimtobers 181

Gefüllte Krautrouladen 79

Gefüllte Paprika mit Tomatensauce 75

Gestürzte Topfencreme auf Erdbeerspiegel 195

Grießauflauf mit Sauerkirschen 136

Grünkernschnittensuppe 23

Grünkohl-Bruschetta 59

Häuptelsalat mit gebackenen Tofustreifen 36

Käferbohnenaufstrich 157

Käferbohnensalat 47

Käferbohnensuppe 27

Käse-Kürbiskern-Schmarren 135

Kastaniencremeschnitten 177

Kastanienschaumsuppe 13

Kernölaufstrich 153

Kernöl-Erdäpfelpüree 67

Knödel-Omelette mit Kernöl 156

Klare Gemüsesuppe mit Polenta-Grießnockerln 28

Kohlrabi-Carpaccio mit Kürbiskern-Pesto 56

Knuspriges Kümmelbratl 118

Kräftige Gemüsebrühe 12

Kürbiscremesuppe 14

Kürbis frites mit Knoblauch-Dip 155

Kürbiskern-Cupcakes mit Preiselbeer-Topping 185

Kürbiskern-Schnecken 182

Kürbiskernfrittatensuppe 20

Kürbisrahmgemüse 63

Linsensauce mit Räuchertofu 77

Linsencremesuppe mit Lauchstreifen 17

Maiskuchen mit Früchten 186

Mangoldstängel mit Knoblauchbröseln 73

Mangold-Topfenknöderl 49

Marinierte Rote Rüben mit Oberskren 35

Milder Liptauer 158

Mohnschmarren mit Beerenröster 138

Mousse au café 197

Nougat-Kürbiskern-Parfait auf Hollerspiegel 172

Nuss-Preiselbeer-Schokolade 192

Ofengebackenes Wurzelgemüse 68

Ofenkartoffel mit Kräutertopfen 163

Palatschinken mit Apfelmus und gebrannten Kürbiskernen 144

Palatschinken-Spinat-Lasagne 91

Pflanzliches Verhackertes 161

Pfirsich-Holundergelee 178

Paprikarahmgeschnetzeltes 115

Pikantes Reisfleisch 107

Polentalaibchen 153

Polenta mit Frühlingszwiebeln und Kichererbsen 133

Polenta-Porridge 145

Polenta-Schafskäsestrudel mit Schilcher-Kresserahmsauce 89

Polentasterz 131

Räucherwürstchen im Blätterteig 168

Rahmgurken mit Kernöl 42

Risotto mit Kürbis 90

Roggen-Dalken mit Steinpilzen 130

Rollgerstenrisotto mit Käferbohnen 92

Rote-Rüben-Taler mit Kümmelrahm 80

Saure Rahmsuppe mit Schwarzbrotcroûtons 18

Saures Sulzerl vom Wurzelgemüse 39

Sautiertes Steinpilz-Carpaccio 34

Schilcherrahmsuppe mit Ziegenkäse-Crostini 24

Schilcherweinkraut mit glasierten Kastanien 64

Schoko-Kürbiskernkuchen 191

Schwarzbeer-Tommerl 140

Schwarzbrottoast mit Steirerkäse 162

Sellerieschelben in Kürbiskernpanier mit Apfelkren 71

Soja-Medaillons in Pfefferrahmsauce 122

Spaghetti mit Kürbissauce 84

Spinatnockerln mit Thymianbutter 96

Steirer-Müsli 146

Steirertaler 175

Steirische Brettljause 164

Steirische Caprese 44

Styrian-Burger 150

Thymian-Erdäpfel-Wedges 76

Tofu-Cordon-bleu 111

Tomaten mit Krenkruste 48

Topfennudeln 87

Topfen-Nuss-Nockerln mit Dörrzwetschkenmus 176

Topfenschmarren mit Hollerröster 143

Überbackene Fleckerlnudeln 86

Vogerlsalat mit warmen Erdäpfeln und Waldpilzen 52

Vollkorn-Heidensterz 128

Warmer Krautsalat 43

Weintraubenstrudel 189

Weizenfilet im Knödelmantel 112

Weizenfleisch-Grundrezept 103

Weizenfleisch-Kürbis-Spieße mit Apfel-Senf-Sauce 125

Winterrettichsalat 47

Wurzelfleisch mit warmer Krensauce 121

Ziegenkäsebällchen mit Birnen und Schilchersirup 55

Zucchini-Schafskäse-Röllchen 62

Zucchinicremesuppe 30

Zwiebelrostbraten 116

Glossar

österreichisch	deutsch
Dörrzwetschken	Dörrpflaumen
Eidotter	Eigelb
Eiklar	Eiweiß
Eierschwammerl	Pfifferling
Erdäpfel	Kartoffeln
Gugelhupf	Napfkuchen
Häuptelsalat	Kopfsalat
Holler	Holunder
Jause	Brotzeit, Imbiss
Kohlrabi	Kohlrüben
Kraut	Kohl
Kren	Meerrettich
Laibchen	Bratling
Lauch	Porree
Nockerl	Klößchen, Spätzle
Oberskren	Sahnemeerrettich
Polenta	Maisgrieß
Powidl	Pflaumenmus
Ribisel	Johannisbeere
Rollgerste	Graupen
Rote Rüben	Rote Beete
Sauerrahm	Saure Sahne
Schlagobers	Sahne
Schmarren	warme Mehlspeise
Semmel	Brötchen
Semmelbrösel	Paniermehl
Staubzucker	Puderzucker
Sterz	Getreidespeise
Sulzerl	Aspik
Tommerl	süßer Ofenauflauf
Topfen	Quark
Trockengerm	Trockenhefe
Vogerlsalat	Rapunzel- oder Feldsalat
Weckerl	Brötchen

Danke!

Ein großes Dankeschön geht an Herrn Johannes Sachslehner, Programmleiter der Verlagsgruppe Styria, welcher mich bei der Idee zu diesem Kochbuch tatkräftig unterstützte.

Besonderen Dank auch an Frau Marion Mauthe für ihre hervorragende Arbeit im Lektorat.

Vor allem danke ich aber meinen Kindern – Nina, Oliver und Elena –, die sich immer wieder für meine Rezepte begeistern und mir besonders in der Zeit der Fertigstellung des Buches hilfreich zur Seite standen. Ihnen ist das Buch von Herzen gewidmet.

Das praktische steirische Grundkochbuch für den Haushalt von heute: Es verbindet die schlichte Bauernküche von anno dazumal mit leichten Küchenkreationen von heute und stellt so ein Handbuch steirischen Essvergnügens dar: von der Klachlsupp'n bis zum Grammelkraut, vom Steirerkas bis zum Lammhaxel, vom Prügelkrapfen bis zum Kürbiskernparfait. Dazu alles Wissenswerte über steirische Grundprodukte und Grundrezepte - ein Standardwerk, das mit viel Liebe alte, fast vergessene Kochtraditionen lebendig macht.

Christoph Wagner · Willi Haider
DIE STEIRISCHE KÜCHE
270 traditionsreiche und zeitgemäße Rezepte
Fotografiert von Kurt-Michael Westermann

224 Seiten, 17 x 24 cm
Hardcover
€ 24,99 · ISBN: 978-3-85431-573-5

Steirische Lebensmittel rücken immer stärker ins Blickfeld der Öffentlichkeit. Doch leider ist heute viel Wissen um regionale Lebensmittel, um ihre Zubereitung und Lagerung verloren gegangen - nicht immer zum Besten der eigenen Gesundheit und der Umwelt. „Steirisch Essen" - eine Aktion der „Kleinen Zeitung" - nimmt sich dieses Themas an. Sechs Monate lang ernährten sich drei steirische Familien ausschließlich von steirischen Produkten. Willi Haider, Botschafter der steirischen Küche und Produkte, fasste die Ergebnisse dieser Aktion zu einem praktischen Handbuch und Ratgeber zusammen. Für alle, die auf regionale Köstlichkeiten nicht verzichten und sie bewusst genießen wollen.

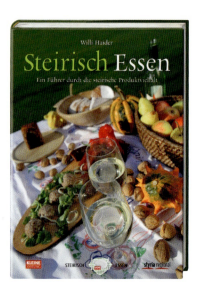

Willi Haider
STEIRISCH ESSEN
Ein Führer durch die steirische Produktvielfalt

200 Seiten, 17 x 24 cm
Hardcover
€ 24,99 · ISBN: 978-3-7012-0094-8

pichler verlag

Ohne Verzicht vegan genießen! Für jeden, der sich bewusst entschieden hat, alle tierischen Produkte von seinem Speiseplan zu streichen. Und für jeden, der eine Umstellung sucht, um Fleisch und Milchprodukte mithilfe von Soja und Lupine-Alternativen zu ersetzen. Um dabei die besonderen Anforderungen an die Vitalstoffversorgung im Alltag zu sichern, liefern Austauschtabellen und Warenkunden umfassende Informationen zur veganen Lebensart. Über 200 Rezepte und praxistaugliche Tipps einer Expertin aus dem Reformfachbereich machen dieses Buch zum Vademecum für Einsteiger wie Erfahrene.

Annegret Bühring
VEGAN KOCHEN MIT SOJA
Mit Fotos von Kurt-Michael Westermann

240 Seiten, 17,5 x 27 cm
Softcover
€ 24,99 · ISBN: 978-3-99011-053-9

Endlich flügge und unabhängig: Das Leben allein in der eigenen Wohnung kann man vor allem dann richtig genießen, wenn man weiß, wie man sich selbst und seine Freunde kulinarisch verwöhnt. Sämtliche Gerichte lassen sich völlig stressfrei kochen, egal ob nach einer durchfeierten Nacht oder ob Freunde zu einem gemütlichen Essen eingeladen werden. Dieses Buch bietet eine Fülle von Anregungen für die vegetarische Ernährung und zahlreiche Tipps und Tricks für die Küche. Also keine Panik, wer will, kann mit diesem Buch ganz entspannt vegetarisch kochen lernen.

Aus dem Englischen von Monika Sattrasai
und Franziska Weyer
SUPER EASY
Rezepte für junge Veggies

240 Seiten, 19 x 19 cm
Softcover
€ 19,95 · ISBN: 978-3-99011-033-1

Impressum

ISBN 978-3-85431-624-4

©2013 by Pichler Verlag in der
Verlagsgruppe Styria GmbH & Co KG   Wien · Graz · Klagenfurt

Bücher aus der Verlagsgruppe Styria gibt es in der
Buchhandlung und im Online-Shop

Layout und Satz: Buchproduktion.Toscani.at

Cover: Maria Schuster

Reproduktion: pixelstorm, Wien

Bildnachweis:
Foodfotografie von Peter Barci
Alle anderen Bilder: © iStockphoto
Holger Mette (S.6), stacybrogan (S. 10),
Nicola Muraro (S. 82), h_kirdi@hotmail.com (S. 126),
Pierre van der Spuy (S. 148)

Druck und Bindung: Druckerei Theiss GmbH, St. Stefan im Lavanttal
7 6 5 4 3 2 1
Printed in Austria

Alle Rechte vorbehalten

Wir danken der Firma Hartlieb für ihre Unterstützung.